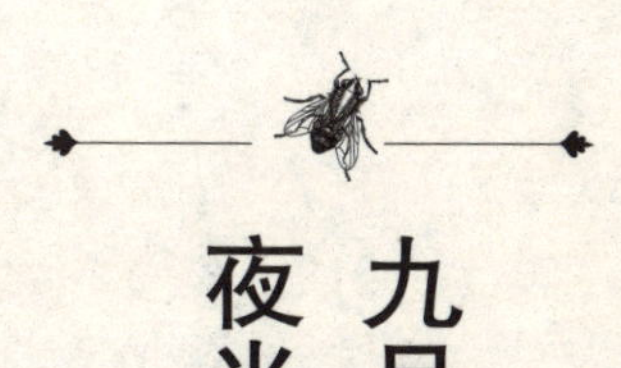

九月十五惶道日
夜半无人尸语时

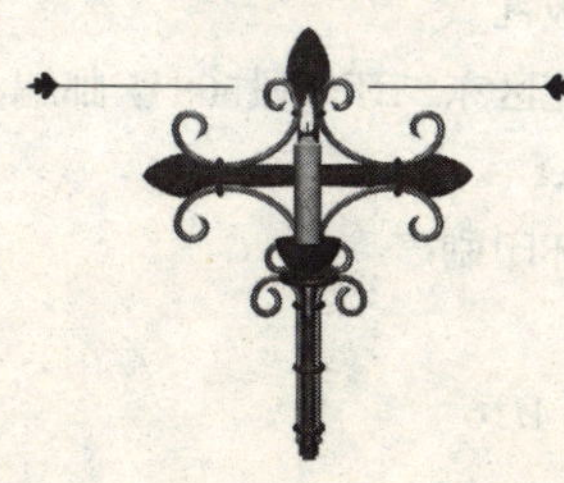

图书在版编目（CIP）数据

悬疑志·夜半尸语 / 柳易，戚小双主编. —长沙：湖南文艺出版社，2011.9
ISBN 978-7-5404-5088-5
Ⅰ.①悬… Ⅱ.①柳… ②戚… Ⅲ.①推理小说－小说集－中国－当代
Ⅳ.①I247.7

中国版本图书馆CIP数据核字(2011)第165976号

上架建议：文学·悬疑推理

悬疑志·夜半尸语

主　　编：柳　易　戚小双
出 版 人：刘清华
责任编辑：丁丽丹　刘诗哲
监　　制：蔡明菲
封面设计：利　锐
版式设计：付　莉
出版发行：湖南文艺出版社
（长沙市雨花区东二环一段508号 邮编：410014）
网　　址：www.hnwy.net
印　　刷：北京京都六环印刷厂
经　　销：新华书店
开　　本：787×1092　1/16
字　　数：240千
印　　张：14
版　　次：2011年9月第1版
印　　次：2011年9月第1次印刷
书　　号：ISBN 978-7-5404-5088-5
定　　价：15.00元

（若有质量问题，请致电质量监督电话：010-84409925）

CONTENTS • 目录

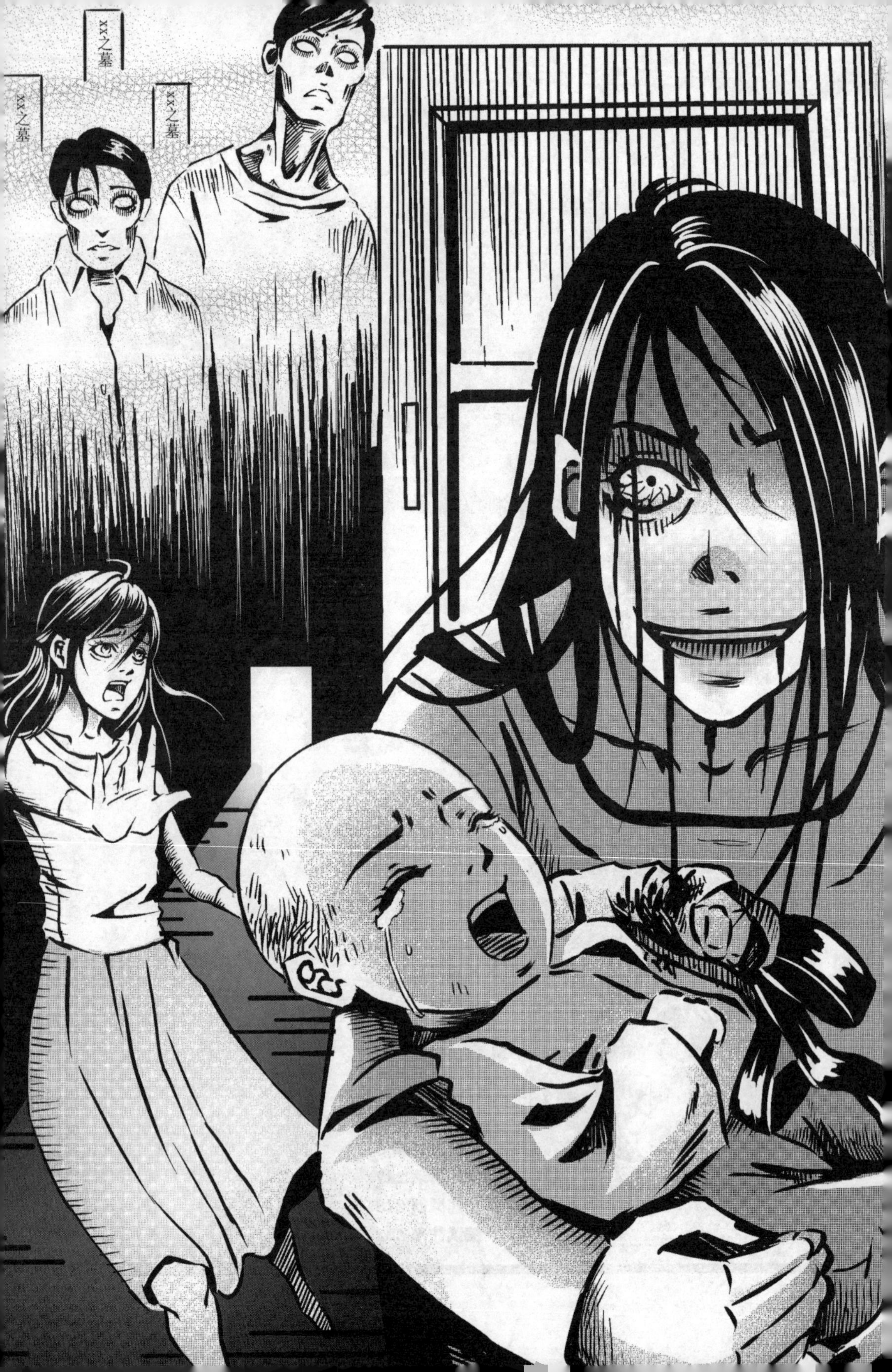

xx之墓
xx之墓
xx之墓

Nuan Chuang

暖床

文 / 夜先生 图 / 七彩明明

一

我们是两个月之前搬进这间屋子的。

你们也知道，虫虫已经三岁了，我们原来那个小房子实在有点挤不开。

这间房子的房租，相对来说还算便宜。在一楼，带个小花园，花园里那么多的花花草草，想想就让人舒心不已。

房东人很好，很热情，原来房子里有很多旧家具都留了下来。

你们看，这镂空的圆桌，这些木椅子，还有墙上这一扇扇现在用来做装饰的门板，你摸摸这木头的质感，房东说，这些门板虽然颜色有些脱落，但都是从南方某个闭塞古朴的小镇上的一户人家买来的，据说至少也是清末的东西。

两个月前，搬来的第一天晚上，屋子里空荡荡的，只有我们的行李零零散散地堆放着。我跟老公坐在木椅子上，累得一动不动；那天晚上虫虫很早就睡了，我们偷了一下懒，只是随便下了一锅方便面，收拾出一张床，仅此而已，因为实在是太累，只想凑合吃点什么赶紧睡下。

就是在吃饭的时候，突然我听到屋子里某个角落发出了“嘎吱”的一声，很尖细，很幽深。当时只觉得饿，我也没在意，以为是错觉。

吃完饭，我跟老公谁都不想动，也不想说话，就懒洋洋地靠在椅子上，屋子里很沉默，屋顶的灯光柔和。

“嘎吱——”

突然，又是一声。

清晰得好像一枚揌钉儿揌在我们的脑海中。

这是个无比幽静的小区，那天已经是晚上九点多钟了，窗外早已漆黑一片，只有昏黄的路灯发着暗淡的光芒。我们之前从没有住过这么大的房子，“嘎吱”的声响在空气中骤响，然后像炸裂了一般，在墙壁上来回撞击。

我有些害怕，老公不是个迷信的人，他的第一反应是，是不是哪儿的门没有关好？于是，我们分头行动，把所有的屋门、窗户甚至连桌子、椅子、墙上装饰用的门板都仔仔细细地检查了一遍。

什么都完好无损。

就在我们刚刚坐定的时候，“嘎吱——”又是一声。

那一瞬间，我的头皮像被人用镊子揪起来一样，一身的鸡皮疙瘩，汗毛都竖起来了。

是开门的声音?

我们都这么觉得。

房子的隔音效果非常好，听不到任何楼上或者隔壁传来的走动、说话、撞击的声音，这声音也绝对不像从隔壁传来的，它就发生在我们的屋中。

难道是……我们俩同时望向了墙上那一块块古朴的门板，是啊，这屋里有好多的门，是曾经从一户人家的屋里硬拆下来的。

二

我跟老公听这个故事的时候，正坐在小曼夫妇新家的客厅里。

他们夫妻俩搬新家已有两个多月了，一直说要请我跟老公来做客，但前段时间太忙，直到今日才得以成行。

我跟小曼是从小玩到大的死党，几乎是同时结婚，同时怀孕，又同时生子，真是说不清的缘分。

中午吃了顿美味之后，我的儿子丢丢与小曼的儿子虫虫都玩累了，呼呼地睡起午觉；我们把他俩悄悄关在虫虫的小屋里，然后悠闲地坐下来开始聊天。小曼说她的老公小欧还在公司加班，我们一边等他，一边听小曼讲述她们两口子搬家之后的奇遇。

故事很长，屋外一直淅沥着小雨，噼里啪啦地落在院子里，我不经意地看了一眼，窗外的一棵老树上正开着一种陌生的白色小花，花瓣碎碎的，一片一片被雨水打落。

三

那天晚上，我们无法入睡。

这“嘎吱”声到底是从何而来?

那声响很清晰，很干脆，的确是开门的嘎吱声，是那种很老很旧的木头门才有可能发出的嘎吱声。

时间已经很晚，我跟小欧蜷缩在床上，竖着耳朵仔细听着。

那声响成了一种周而复始的折磨，每一声响过后，都是一阵死寂，我们提心吊胆地等待着，等待着下一声的出现，毫无规律，毫无征兆，时间一分一秒地消逝，心脏咚咚直跳，在你觉得可能不会再响的时候，那一声突然出现，干脆利落，毫不拖沓，心好像扑通地沉了一下，又瞬间提到嗓子眼，下一声什么时候来?

我说，我们不租了吧？毁约退房吧?

老公小欧不想。

这房子我们第一眼就看上了，到处都完美得无可挑剔，合同一下子就签了三年，房租直接交了一年的，房东说这房子永远不会卖，只要我们爱惜它，就绝对不会赶我们走。我们白天的时候还梦想着租十年甚至更长呢，怎么能说走就走。

我们几次三番去虫虫的小屋，这孩子始终在小床上睡得死死的。是不是我们自己的错觉？为何孩子没有任何反应?

或许是太累的缘故，我们终究还是睡着了。

醒来的时候，已经是早晨六点多了。

屋外的阳光很好，我们的四肢健全，家里没有任何意外，什么都没发生，不是吗？

我又仔仔细细地把屋子里各种木质的桌子、椅子，墙上的门板什么的全部检查了一遍，没有松动，没有声音；难道真是屋外的声音？是我们昨晚太紧张听错了声音的来源？

忙活着，我要送虫虫去幼儿园，一开门，楼梯口站着一个老太太，穿着青色的褂子和黑色的裤子以及一双绣着花边的布鞋。我之所以把她打量得这么仔细，是因为这身打扮太像电视剧里古代大宅门里的老妈子。

老太太回过头，冲我微微一笑，笑容非常慈祥，她说："听说你们是新搬来的？"

我点点头，随口说："对啊，大妈。"

"哦，我就住你们隔壁，有什么需要就说一声。"老太太继续说。

"谢谢您了，"听到这儿，我突然想起什么似的问，"对了，大妈昨晚您没听到什么响声吧？"

老太太有点吃惊地愣了一下，问："怎么了？"

"哦，没什么，"我赶紧说，"我儿子才三岁多，很闹腾，晚上不肯睡觉，又哭又闹，怕吵着您。"

老太太急忙说："不碍事，不碍事，小孩子的声音一点都不闹心，听着很开心。"

我心里默默地一愣，昨晚虫虫压根没有醒过，我们只听到过嘎吱的响声，老太太真的听到了孩子的哭声？

见我没有话说，老太太转身回家了，她从我身边走过的时候，我看见她花白的头发后插着一支银色的发簪。

四

小曼喝了口水，接着说："往后几天都是这样，白天我们都不在家，晚上就是孩子闹腾，什么都没发生，我们俩的神经也就慢慢地松弛下来了，唯一的一点是，我们每天早上送虫虫去幼儿园的时候，总能在门口看到邻居那位和蔼的老太太。”

“呵呵，你应该在阳光下仔细端详端详，这老太太到底有没有影子。”我开玩笑地说，“鬼，你知道的……”

“我总是在楼门口见到她，那里压根没有阳光。”小曼很严肃地说。

“哦？”这多少出乎我的意料，于是我再次半开玩笑地说，“那你们应该看看她穿的衣服是不是每天都一样。”

“是啊是啊，”我老公在旁边笑着应和，“鬼也好，幽灵也好，脏东西都是不换衣服的。”

“衣服是换的，每天都有不同，只不过都是一样的老旧款式。”小曼表情依然很紧张。

我皱了皱眉头，没有说话。

“唯一不变的，”小曼吞咽了一口唾液，“是她头后的那支银色发簪。”

说着，小曼摸索着从脑后将一支银色的发簪抽出来，放在桌上，她的头发散散地落下，夹在脸颊两边。

我们看着这支古旧的发簪，上面刻着一行看不懂的铭文。

“就是这支。”小曼幽幽地说。

五

又过了几天，周末。

我们去了我爸妈家，晚上老爸很开心，小欧陪着他多喝了几杯，吃饭的时间有点长，虫虫已经睡着了。

我们打车回到家，安顿好虫虫，小家伙睡得呼呼的。说来也奇怪，这小家伙以前睡觉总是爱折腾，自从搬了新家，睡在房东留下的小木床后，却总是一睡不起。

洗漱完毕，我跟老公躺在床上，那“嘎吱”响声又来了。

不知道是不是酒精的缘故，这声音听起来格外刺耳，每次嘎吱的声音，都好像被擀面杖擀过一样，格外绵长瘆人。

我冲下床，惊慌失措地打开了屋里所有的灯，把耳朵紧紧贴在墙壁上，到处听。

会不会是隔壁的老太太？她为什么穿得那么古朴？像个地道的南方人。她的口音为何那么奇怪？她为什么看我们孩子的眼神那么奇怪？她为什么只有一个人住？我问了一连串的问题，问得小欧哑口无言。

他不耐烦地跟我说，别胡思乱想，去看看虫虫睡得怎么样吧。

我悻悻地去了，没想到，一打开虫虫屋的灯，立刻惊呆了——虫虫依然睡得很香，可是露出的一只小脚丫已经变成了绛紫色。

什么时候变的？

我完全没有印象，没有察觉，怎么会这样？把他放在床上给他脱小袜子的时候还不是这样的。

我们赶紧忙了起来，虫虫的体温正常，皮肤正常，呼吸正常，也不痛不痒，被我们叫醒时，只哼唧了几声就又睡着了。

要不要送医院？我们反复斟酌，觉得这么晚了，孩子也没什么别的反应，还是等到天亮吧。

我还是很惊慌，把虫虫从小床上抱起来，一直抱着他坐在客厅的沙发里，不停地抚摸着、打量着他绛紫色的小脚丫；虫虫依然睡得很香，一动也不动。

“嘎吱——”

突然，又是一声！

他妈的，他妈的！小欧突然疯了似的骂道。自从搬进这鬼屋子，自从有了这响声，我们的神经就绷得紧紧的。

可是，随着这声嘎吱声，虫虫猛然惊醒了，他的双眼呆滞，腿脚乱蹬，浑身抽搐着，身体越来越冷。我掀开被子一看，他的那两只小脚都已经变成了绛紫色，并且小腿上的颜色正在一点一点地变红、变紫、变黑。

我赶紧给他裹上小被子，甚至脱光自己的衣服，把他紧紧搂在怀中；虫虫像个冰块似的，凉得我浑身哆嗦；这孩子的嘴唇开始变紫，哭声却一声高过一声。

我完全崩溃了，只知道抱着他哭，小欧不知所措地站着，茫然地看着墙上所有的门板。

也就在这个时候，屋里的固定电话响了。

这固定电话是房东留下的，说先保留着，可能会对我们有用处。

午夜十二点，电话铃响。

我多少受了一惊，诚惶诚恐地接了起来，里面有点刺刺啦啦的响动，然后是一个老太太的声音："为什么，咳咳，今晚孩子的哭声这么奇怪？"

我惊讶着，完全不知道该说什么。

老太太的声音继续着："孩子是不是离开了他的小床？"

我依然哑口无言。

顿了顿，老太太仿佛认为沉默就是肯定的回答，她有些气急败坏地说："孩子在天黑之后是不能离开他的小床的，这是规矩，你难道不知道孩子小床的床板也是一扇门？"

"嘎吱——"

六

说到这里，小曼的眼泪已经开始在眼眶中打转。

客厅里的固定电话突然响起，吓了我们一跳。

小曼忍住了泪水，接了起来，能勉强听到好像是个老太太的声音，但听不真切；只听到小曼断断续续地说着："妈……你们进来吧，我朋友在这儿呢……不进来了？没关系啊……那好吧，你等等，我给你们送出去……"

扣下电话后，小曼冲着我们说："对不起，我妈在外面等着呢，要我把虫虫穿小的衣服送给她，她拿回去送人……怎么叫都叫不进来，怕打扰我们……"

我微微笑着表示理解。

小曼拿起桌上的发簪，重新插好头发，起身，走进了虫虫的小屋。

我跟老公坐着，继续喝着小曼给我们泡的茶，老公仔细打量着墙上挂的每一块门板，他皱着眉头，表示看不出任何端倪。

时间过得很慢，我抬头看了看表，不禁嘟囔了一句："丢丢今天睡得这么乖？一点声音都没有。"

老公也是一愣，我们刚站起身，准备去看看，就看到小曼提着一个大旅行包，从小屋里走出来，她轻轻地关上门，冲我们微微一笑："都睡着呢，睡得很香很香，估计还要等会儿才会醒。"

说罢，她就朝门外走去。

我有些恍惚，总觉得小曼的神色有点不大对劲，愣神的工夫，她已经走出屋外，并随手关上了屋门；偌大的屋子空荡荡的，那声关门的声响好像久久不肯散去，啪啪啪……门关上了，我脑海中没来由出现了这么一句话："有些门关上了，就打不开了。"

七

想到这里，我心一紧，冲到了大门口，一摸门把，赫然发现屋门被锁住了！我不由惊呼出声道："我们被锁在这个房子里了！"

"怎么可能？"老公完全不相信我的话，"小曼为什么要将我们锁在这里啊？！"

我觉得事情有点不妙，心里牵挂着儿子丢丢，于是赶紧跑到虫虫的房门前，结果发现房门也被紧锁了，怎么推也推不开，我疯狂地拍着虫虫房间的小门，这该死的门怎么这么结实？该死的！该死的！

而小房间里，没有丝毫声音，我们的儿子丢丢怎么了？他还在不在？他怎么一点声响都没有？

小曼他们究竟做了什么？这到底是怎么回事？

丢丢……丢丢!

我跟老公心痛如刀割一般，我疯了似的拍打着窗户，朝窗外叫喊，小曼才刚出门，她不会走远，她应该能听见，我们是最好的朋友，有什么问题不能解决？可是，这个歹毒的女人没有回来；老公到处翻腾着抽屉、柜子，渴望找出钥匙、斧子之类的东西，好打开丢丢的房门。

可是什么都没有，小曼什么都没给我们留下。

这个女人到底想干什么？！对丢丢做了什么？他为什么会如此安静？难道连我们的声音都听不到？或者，他早已不在了？

“丢丢……丢丢……呜呜……”我哭着朝门里喊着，我希望这个三岁的孩子如果还在的话，听到妈妈的喊声，能回应一声，让妈妈放心。

可是没有。

老公已经快要绝望了，他咬着牙一次次撞向小屋的门，一次次用脚狠狠地踹，可是那扇门却像铜筋铁骨般坚不可摧。

而我们看不到的另一头，小曼拖着行李箱快速走上路边停着的一辆车，她在痛哭，哭得泪水决堤，在车飞快地开走之后，她缓缓地拉开行李箱，拨开上面覆盖的几件小衣服，箱子里蜷缩着一个浑身赤裸、双脚上沾着黑色脓血的男孩，这孩子傻傻地盯着小曼，良久，他喃喃地叫了一声：

“妈妈。”

八

先前，虫虫的房间里。

小曼一进门，就用脊梁紧紧堵着房门，双手死死地捂着嘴，哗哗地流着眼泪。

虫虫跟丢丢，这两个只有三岁大的孩子，此时像中了邪一样，呆呆地瞪着大眼睛，躺在木质小床上一动不动。

小曼稳定了一下情绪，走到小床边，拔下头后的银色发簪，她脱下虫虫脚上的袜子，抬起那两只已经变黑的小脚丫，用发簪在脚底戳了两个梅花形的创口，顿时黑色的浓血喷涌而出。孩子因为疼痛扭动的双脚让她心疼得将发簪掉落在床上，小曼轻轻地抚弄着两个娃娃的头颅，抚弄着他们头上软软的毛发，如此半晌之后，她似乎下定了什么决心，狠狠咬着牙，扭动着孩子们的头，让他们面对面，让他们嘴对嘴地接触到一起，娃娃们始终没有哭，也没有叫，像两个玩偶一样，任由小曼摆布。

在嘴对嘴地亲上之后，虫虫的眼珠开始泛白，他像中魔一样地亲着丢丢，两条小腿不停地抽搐着；丢丢则没有任何反应，被动地接受着。如此亲吻了一会儿，虫虫突然剧烈颤抖了一下，随即停止了亲吻，他的创口，说来也奇怪，赫然也停止了流血，那两只小脚丫神奇地恢复了原来的肉色。

此时的丢丢依然老实地躺着，像个正常的孩子一样，虫虫在他的脸上咬出了数条血痕，可是他却丝毫没感到疼。

小曼的双腿几乎瘫软，她怜惜地抚摸着丢丢的头发，眼泪不断地掉在这个可怜孩子的脸上，不过很快她的表情就幻化成了冷酷，她抱起自己的儿子虫虫，将他的衣服剥光，开始来回翻转着虫虫的身子，似乎在检查着什么，确定没事后，她打开准备好的行李箱，将虫虫放了进去，又胡乱在上面放上几件衣服。

然后，她捡起那支带血的发簪，随意盘了一下头发，咬着牙关上行李箱，拖出小房间，不敢多看一眼床上的丢丢。

九

我跟老公绝望地站在客厅里，我们的手机、钱包都被该死的小曼早早藏进了她儿子的小屋。

我拿起客厅的固定电话，却发现电话压根无法拨出，连110、120也不行，这个贱女人编了一堆谎言来欺骗我们，到底是为了什么？

老公挨个屋、挨个抽屉地寻找一切可能使用的工具，一无所获，换句话说，这个所谓的家，除了桌子上那些花里胡哨的摆设和几个锅碗瓢盆之外，什么都没有，小曼跟我们说，由于她这两个月太忙，几乎没怎么整理，只是简单地收拾了一下，原来是她早就想离开。

我趴在小屋的门边，哭个不停。

老公像疯子一般冲进客厅，将墙上挂着的一块块门板大卸八块。

屋子里发出哐哐的巨响，门板被狠狠地摔在地上，我跑过去大叫着制止他，告诉他这么做除了制造出噪声之外，毫无用处，却马上跟他一起，愣在客厅里。

我们没有想到，客厅的墙上居然还有一扇门——一扇同样古旧的门——没有把手，没有锁，光秃秃的，什么都没有。

“嘎吱——”

突然门朝墙里打开了，黑洞洞的，只有微弱的光。

墙的里面，站着一个老太太。

“咳咳……”

她轻轻咳了两声，颤巍巍地从墙里走出来，老太太穿着一件蓝布褂子，下身是一条黑色裤子，脚下则是一双很旧的布鞋。

“闹够了？”她的第一个问题，就把我们问傻了。

“每个亲生父母都不容易，不是吗？”老太太白了我们一眼。

“快开开门，快开开门，求求你了……呜呜……”我哽咽着恳求她。

“孩子没事的。”老太太微微犹豫了一下，从怀里掏出一把钥匙，打开了虫虫的房门。

门一开，我就急忙冲了进去——看到儿子丢丢躺在小床上，床尾处多了一摊黑色的血污；我用力地将丢丢拖离小床，抱在怀中，但就在这一瞬间，他突然哇哇地哭了起来，我检查着他的身体，上上下下，仔仔细细，除了小脸上的咬痕，再没什么特别。

“乖儿子，乖儿子，妈妈再也不会把你丢下了。”我紧紧抱着他，不停地重复着。

“呵呵。”老太太慈祥地笑了笑，“如果没什么事，我就先走了，祝你们在这里住得开心。”

“住这里？”老公迷惑地说，“您不是在跟我们开玩笑吧，这压根不是我们的家，我们怎么可能会住在这个鬼地方！”

“哦？看来小曼的故事只讲了很少一部分啊，”老太太若有所思地点了点头，“你们难道没发现，你们的儿子有一点异常？”

这句话惊出了我们一身冷汗，我赶紧翻看怀中的儿子，他一直在哭，怎么哄都哄不好，而且我还惊愕地看到，他的整条舌头已经变成了黑色。

“把孩子放在小床上吧，”老太太笑眯眯地叹了一下，“呵呵，不住在这里，你们的孩子活不了几天……”

十

年轻人，我给你们讲完这个故事吧。

十多年前，这个小区刚刚盖好的时候，由于周围还没有规划，一片荒芜，所以没有几个人愿意来这儿住。

我女儿女婿赚钱不多，又想住得宽敞，就买了这里的房子，一楼，一买就买了两套，也把我接了过来一起住，顺便帮他们看孩子。

我的小外孙很可爱，虽然才三岁，已经像个小大人一般。

那是很简单的一天吧。

大白天的，女儿女婿都在上班，只有我看着孩子；那会儿正好是夏天最热的时候，家里还没装空调，吃过午饭后，我拿了一把躺椅躺在门口乘凉，让小外孙自己到处跑。不知从哪儿突然出现了一个慈眉善目的中年女人，她推着小车，车子里坐着个小孩，看上去跟我小外孙差不多大。

小外孙很热情地跑过去跟那小孩玩，中年女人在我旁边坐下，我们一边看着两个小孩玩，一边闲聊，我说我就住在一楼，她说她也刚搬来不久，不过我有点奇怪的是，这么大热的天，她的小孩怎么还穿那么多，不怕起痱子吗？

聊着聊着，不知怎么的，我的意识突然开始模糊起来，我只隐约记得，那个中年女人抱起他的小孩，小孩子的一条腿露了出来，腿上黑糊糊的，像长了什么黑斑一样，一块一块的，然后我就什么都不知道了。

等我再次醒来的时候，自己歪斜地躺在躺椅上，小外孙不知去向；尽管头很晕，可我依然咬着牙站起来，我以为自己最疼爱的小外孙被人掳走了。

还好，没有，呵呵，只剩这一点值得高兴了。

我的小外孙直挺挺地躺在花坛边上，哭得很厉害。

和你们一样，我发现，他的舌头变成了黑色，吓傻了的我赶紧给女儿女婿打电话，可是他们回来也无济于事，只剩下哭和着急，小外孙看起来一切正常，只是舌头变黑了而已。我们带着他去了医院，却什么病都没检查出来，医生说要留下住院观察，小外孙非常害怕医院的环境，又哭又闹，我们只好带他回家。

那天晚上，小外孙开始瑟瑟发抖，黑色的舌头不停地伸出来，我女儿以为他是中毒发作，情急之下，用嘴咬破了小外孙的舌头，努力地吸着，但只吸出了些许血液，鲜红的血液，仅此而已。

正当我们焦急不堪的时候，屋门突然被敲响，开门后发现，是下午那个该死的中年女人，原来她受不了良心的谴责来看我们。

她说，在这些楼还没盖起来之前，她原本是住在这里的村民，偌大的一片土地，不光有她们的村子，还有村子的坟地，几百年的尸骨都葬在这里；自从拆迁轰轰烈烈地开始后，她们村子里先后就有几个孩子染上了一种怪病，叫做婴毒。

这种婴毒看不见摸不着，散发在身体的每一个细胞里。平日里，它静静地潜伏着，毫无反应；可孩子一旦发起高烧，它立刻就会发作，致使孩子体内发出一种独特的肉香，这香味我们可能闻不到，但是很多脏东西却可以从几千里之外被吸引过来，围在小孩的身边，吞噬他细嫩的皮肉，每吃掉一点，身体就黑掉一块，从小脚丫开始，然后一点一点往上蔓延，等到整个孩子变黑的时候，就再也无法救活了。

那个中年女人说，唯一能治疗婴毒的办法，就是将婴毒传染给另一个孩子。

十一

“所以你们就照做了？”老公恶狠狠地咬着牙，愤愤地问道。

同时，我惊奇地发现，自从把丢丢放在小床上，他就立刻停止了哭闹，这到底是为什么？

老太太无奈地叹道：“我的小外孙也是无辜的，他也是被别人传染上的……”

“那你们从哪儿找的孩子？”老公再次发问。

“这并不重要，重要的是，我的小外孙没有死，”老太太看了我一眼，看着床上安静的小丢丢，这个可怜的孩子也瞪大眼睛看着我们，“在小外孙康复的那一刻，我就把他送走了，走得远远的，只有我自己留了下来，留下来帮助后来的人。”

“哈哈，你居然说这是帮助？”我嘲讽地怒吼道。

“你能怎么样？”老太太冷冰冰地回应道，“你就眼睁睁地看着自己亲生的骨肉死去、烂掉？而且是最痛苦的死法，一点一点烂死的。”

我看了一眼丢丢，他正吐出黑色的舌头盯着我，一瞬间，我的意志开始崩溃，什么都说不出口了。

“好歹我们有可以医治的方法，”老太太声音颤抖了一下，“不是吗？虽然是传染给别人的孩子了，但只要按照这个方法，我们的孩子都可以活下去，为什么不呢？为什么不？”

“你真下得了手……”我咬着牙，眼泪在眼眶中打转。

“小曼夫妇是恶人吗？你们比他们更善良？又善良多少？”老太太的话直指我的死穴，在我一直以来的印象中，小曼夫妇是天底下最善良、亲切的人，他们温柔、细心，尤其喜欢孩子，我真没想到……

“当你们看着自己的亲生骨肉一天天生活在极度的痛苦中，你们一定会为了救治他不惜一切手段，而且，这里已经有最简单有效的方法。”老太太站起来，摸了摸我的儿子丢丢，丢丢压根听不懂我们的话，“不用着急，你们还有时间，十几年了，我已经见过几十对夫妻，我们都是一样的人，会作出一样的选择。做父母的，谁都不容易，不是吗？你们自己选择吧。”

“那究竟怎么才能传染给别的孩子？”老公终于服软了，他几乎恳求着问道。

“你知不知道一个词，叫做暖床？”

十二

老太太拍了拍丢丢躺着的这张小床，小床毫无特别，只是有一摊黑黑的血污。

“小曼是不是跟你们说过，这个小床的床板，其实也是一扇门。”老太太说着，一手抱起丢丢，一手轻轻地掀开床板，“每一扇门里，都有一些秘密，不信，你看。”

我赶紧从老太太手中将孩子抢过来，丢丢又开始大哭；老公好奇地弯下腰去，朝床板里伸头看去，我紧紧地抱着丢丢有些害怕，不太敢看。

突然，站在老公身边的老太太伸出她的双手，慢慢绕过我老公的脖子，死死地将他缠住；也不知道老太太抓到了什么地方，身高马大的老公居然毫无反抗能力，头越来越低，一句话都不说，一声也不吭，连微弱的挣扎都没有。

有些事情我的肉眼根本无法看到，床板掀开的同时，下面就钻出来一个年轻女人的头颅，她的头发乌黑，神色忧郁，她的身体慢慢地钻拱出来，双手白皙得可怕；这个女人的双手紧紧搂着我老公的脖子，老公被她掐住，一点一点地朝床下拖动，老公没法反应，甚至连呼吸都停止了。

我完全被吓傻了，只是死死地抱住孩子，一动不能动，眼睁睁地看着老太太的双手死死缠着老公的脖子，在他的脖颈后面摸索着，摸索着；我没法看到的是，搂着老公脖子的那个年轻女人的双手也在摸索着，摸索着，神情忧郁，她一边死死拖住我的老公，一边眼神无比哀怨地盯着我怀中正在哭闹的孩子，那眼神充满了羡慕、嫉妒与憎恨。

老公的腰被压得几乎完全弯下，脖子后面的青筋暴突，鼓成了一团，老太太从自己的头后拔出一支带血的银色发簪，在他脖子后面轻轻一戳，只听“砰”的一声，老公脖子后面的突然跳出了一条筋，然后身上开始发出淡淡的烟气；我无法看到的那双煞白的手拖住老公的身体重重地栽了下去，直挺挺地掉落进小床里。

我的脑海一片空白，眼前的一切仿佛是幻觉，不真实得让人窒息。

我只是麻木地朝前看着，发现小床下面是一个深深的坑，坑里不光有我老公，还有一张熟悉的脸——小欧，以及几张陌生的脸——他们都深深地闭着眼，好像早已死了。

那个年轻女人趴在床边，双眼幽怨地看着我，她的长发披在肩膀上，牙齿轻轻地咬着嘴角；她慢慢地伸出了手，朝向我，朝向我怀中的孩子。

我什么都看不到，可是丢丢应该看到了——传说三四岁的孩子能看见很多大人看不见的东西。他深深地钻进我的怀中，小手几乎插进我的肉里。

十三

我的眼泪毫无知觉地掉落着，脑海中空空如也。

老公死了？老公没了？到底发生了什么？

“呵呵，姑娘，对不住了。”老太太苦笑着摇摇头，“这就是所谓的暖床——”

遥远的那天晚上，我女儿发现自己犯了一个大错，为了救自己的孩子，匆忙之间，她咬了小外孙的舌头，吸了他的血。

我女儿也感染了婴毒，没想到这种毒在一个成年人的身上竟然发作得如此迅猛如此疯狂，我女儿浑身颤抖着，冷得缩成一团。

女婿的心都要碎了，他哀求那个中年女人解救他的老婆，他可以不惜一切代价。

中年女人犹豫着，说要回去问问村里的老人。

第二天，她送来一张古旧的符咒跟一支刻满铭文的银色发簪，上面写着拯救我的女儿的唯一方法——做一张暖床，要男人体内的阳气在暖床下面慢慢自燃，用这燃烧的火焰来驱散体内的严寒。

符咒送来的时候已经太迟了，我的女儿已经死去。小外孙体内的婴毒还在潜伏，我们不可能保证他一直不发烧，一旦发烧，婴毒就会发作，唯一的办法，就是传染给另一个孩子。

更糟糕的是，女儿死了，女婿的精神已经崩溃，可我始终觉得，女儿从来都没有死，她一直就在我的身边，不停地对我说，她好冷，她好冷……

那天晚上，女婿恳求我对他下手，他告诉我，他听到了我女儿的召唤，自愿奉献出自己的身体。

所以也就在那天晚上，我在这张小床下面挖了一个大坑，用符咒中的方法让女婿的躯体自燃，然后把他的身体放到床下，从那之后，女儿好久没有说过她冷。

然后，我骗来了女儿生前最好的朋友，一家三口，用他们的孩子治愈了小外孙，我把小外孙送到远远的地方；可是我要留下来，我的女儿还在这儿，这才是我真正的亲生骨肉。

我相信她依然在我身边，因为她偶尔还会对我说，她好冷，她需要可以自燃的阳气一直温暖她冰冷的身躯，所以说，我需要一个个健康的男人自愿来到我的暖床前。

能让一个个男人丧失理智、自投罗网的，唯有他们最爱的亲生骨肉，不是吗？

嗯，我就是小欧小曼夫妇的房东，也即将会成为你的房东，从今天起，你可以住在这里，因为这张充满阳气的暖床能最大限度地减缓你儿子体内婴毒发作的可能，减轻他婴毒发作时的痛苦，不是吗？你已经发现了，一旦离开小床，你的孩子就哭个不停，一旦躺在上面，就安静下来，这就是暖床的魔力。

但是，暖床无法治愈婴毒，没法救他的命，你唯有骗来一个孩子。除非，你真的不打算救你的儿子，姑娘，这是你的亲生骨肉，你真的可以放弃吗？还是像小曼所做的一样，牺牲掉别人的老公与孩子，来拯救自己的亲生骨肉？

你还有些时间，可以作出选择。

“这张床下，不是已经有好几个男人了吗？你为何如此的贪婪？为何还要牺牲别的男人？”

“我老啦，活不了几天了，我只能想尽办法在活着的时候多给女儿一些温暖，因为，她是我最爱的亲生骨肉。”老太太说完，眼中终于流出了一滴泪。

我眼睁睁看着老太太从我手中抱过哭闹的孩子，慢慢走到小床边，床板微微地掀起一点，里面那只肉眼看不见的女人的手伸出来，触摸着，触摸着丢丢的头发，她想把我的孩子也拖进去；老太太用力压了几次小床，那只看不见的手终于缩了回去，床板放平，在丢丢被放在小床上的那一刻起，哭声戛然而止。

“好啦，我累了，要回去歇歇了，”老太太说着，将那支银色的发簪狠狠地插入自己的脑后，“这东西已经插进了我的头颅中，等你什么时候决定了，就来找我要，刚才小曼还给我的时候，狠狠给了我一巴掌，所以，你不要记恨她了；到时候，你也可以这样，我们只是各自为了各自的孩子，我甘愿承受一切罪孽，”她慢慢地走回客厅，走进墙里，最后又说了几句，“我就住在隔壁，我晚上时常会开开门，听听孩子的声音，很久没见自己的小外孙了，我很想念他。我等待你的任何决定，无论怎样。”

说着，她轻轻地关闭了墙上的那扇门。

嘎吱—— 悬疑志

Lian Sheng Zi

莲生子

文 / 不周 图 / 苍狼野兽

一

我有时在想，唐诗这人身子骨也不晓得孱弱到什么程度，跟我跑河源也就只是去了两天，回来居然就马上得了急性肺炎躺进了我们医院里，而且一挂就挂了三天消炎点滴。

刚好他工作的杂志社又把他从佛山总社调到本市的分社来，我得像侍候大爷似的天天忙完事就往他那跑，送饭送杂志连网线……这就算了，还得帮他找房子。那天刚换下班来，我就取了之前租房子要用的证件合同去病房还给唐诗，之前听他五次三番抱怨医院配餐难吃，就顺路打包带了些小炒面食来。

电梯门一开就听见外面纷纷攘攘的哄闹声。

那是护士站边上的一个产科病房，房门外站着四五个家属，正跟几个护士和医生争辩得脸红耳赤，隔壁病房的都被这滋事生扰的给闹腾了出来，本来就不宽敞的走廊满满围了一团人。

"怎么可能只有一个，你们说怎么可能，一直都是有两个的！"

家属那边看来是不肯善罢甘休的，见人多了，声音扯得更厉害了，任你说啥完全不听，就直嚷嚷道。

"肯定是你们医院捣的鬼！"

"我跟你们说啊，把孩子还回来，不然咱们不会就这么算了的！"

我开始以为是孩子生下来因啥事没了，家属撒气来的，但似乎并非如此，我越听越云里雾里，就拉着旁边一个护工问："发生什么事了，家属怎么闹成这样了？"

那护工也是一知半解，啧啧地摇头说："听说是媳妇来这生孩子，生下来明明就一个儿子，她家人却非说怀的是双胞胎，现在没了一个，就赖说是医院暗地里捣的鬼。"

我一听头就大了，这是哪门跟哪窗的事啊？真是怎么听怎么像无理取闹。

这护工也是来凑着热闹当笑话看的，见那边家属跟医生和几个护士越吵越厉害，一脸苦笑道："摊上这样的人家，医生也倒霉……"

那边情况双方都已经气不过来，哪管青红皂白，都骂开了。一个激起气来的护士不知道指着他们说了句啥，那边家属里立马出来一个身形彪壮、剃着小平头的男人，抬手就一个巴掌朝那护士掴了下去。

我一看那男的居然动起粗来了，急了，冲了过去，一把捉住那男人手臂怒声喝道："住手！有话好好说，干吗动手打人！"

旁边的人也朝着那男的指指点点起来，几个同事忙过去搀那被打的护士，那护士捂着半边脸，呜呜地哭了起来，对着那男人嘴上骂骂咧咧的。那男人气不过，骂了句"贼婆娘"，又要抡拳头过去，我急忙挡在那男的身前，架着他臂膀不放，不然他那架势，过去会将人打死了。

这时家属那边出来个高高瘦瘦的小伙子，拉着那小平头劝说："二哥，别打别打，事会闹大的……"

那人一脸凶神恶煞地盯着我，挣扎着吼："他妈的，我就是要闹大。"

我当时不晓得哪根筋不对，那种情况下还幽默得起来，我说："你们要怎么闹，先协商好了再说。"

旁边的人和那小平头都瞠目结舌地盯着我，张嘴半晌没说话。这时，房里出来个高颧瘦骨的婆娘，她下巴尖削，眼眶凹了下去，指着我，尖声叫嚷道："咱家媳妇怀的是双胞胎，现在生下来没了一个，你说这可能吗？不是你们医院抱的，那真是见鬼了！咱家该是有俩孙子的，咱家的孙子不能丢！你们不把我另外那个孙子还来，咱们就将这事闹到媒体上去！"

她边说，边拍着门板，越说越激动。一旁躺在床上的媳妇看不过去，此时出声劝道："妈，求您了，别闹了……"

那老妇转身指着她的鼻尖，骂道："你住嘴，谁要你说话了啊？"

那媳妇卧在床上，脸色煞白，堪堪住了嘴。但当婆婆的却是不肯罢休，话越骂越难听，有的没的家常事都拿来骂一通，她旁边的几个儿子非但不劝，反而走出来又跟医生和护士吵着，叫嚷着要医院给个交代。

没过多久，科主任带了几个人上来协调，附近病房已经闹哄哄一片，我站在边上，看着家属和科主任一边据理力争，一边继续无理取闹，旁边的人指指点点，议论纷纷。房里那媳妇蒙头窝在被子里睡，一截手臂从被窝里搭了出来，瘦得像根泡白了的粉藕，腕上戴着一串白玉似的珠子，五指紧紧攥着被角，一动也不动的。

过了好一阵子，也不知道是达成了共识还是其中一方妥协了，家属几个人跟着科主任走了，就留着那媳妇自个儿在房里，见没热闹可看，围观的人也就陆陆续续散了。

我到了唐诗那，跟他说起这事，他听罢后，装模作样、摇头晃脑地冒出句话来，“哎呀，这医患关系不好处啊。”

我好笑地看了他一眼，戏谑道:“不好处怎么了？”

“没怎么，咱俩不处得挺好的嘛。”他哈哈笑了两声，把食盒和饮料都提了出来，摆开准备开吃，两碗馄饨面、两个小炒、几笼烧卖，刚好护士过来换吊瓶，针头一拔，他就如得大赦似的动起筷子来。我拧开了瓶茉莉花茶递了过去，他接过来往嘴里灌了一口，思忖着什么似的盯着我，忽然说:“莫辞，你说这可能吗？”

我被这无厘头的话，问得一愣一愣的，反问道:“什么可能吗？”

“怀的是双胞胎，生下来只有一个，可能吗？”

没想他是在纠结这事。我稍微想了一下，找了个比较能接受，听着又不太像忽悠人的答案说:“检查的时候出错当成是双胞胎的话是有可能的。”

“如果真的是怀了双胞胎生下来却只有一个，这种情况就没可能？”

“医学上来说不太可能……”我拿筷子头敲了敲桌子，“倒是听过粉质基因，在胎儿没发育完全之前，其中一个融到另一个里面去，生出来就只有一个婴儿这样的。”

唐诗思忖片刻，又问:“是连体婴那种？”

我摆摆手:“那倒是相反，连体婴是受精卵分裂不完全形成的。”

“粉质基因啊……有点儿意思。”唐诗放下筷子，咂着嘴巴。

“那玩意听着就跟麦克唐盖尔证明人类灵魂重二十一克一样荒谬。”我不以为然地说，又自顾自地低头吃起面条来。

吃完饭后，我跟唐诗说有事先回去了，他不拦，也不送，扬扬手说:“那走好。”

我懒得跟他计较，拿齐了东西出了门。

在走廊等电梯时，我忍不住拐去那闹事的房间看了一下，家属还没回来，房里只有那躺在床上的媳妇和一个看着像是护工的中年妇女，她脸略显胖，皮肤棕黄，像只放皱了皮的柿子，手里正拿着把水果刀削着苹果，一边削，一边跟那床上的媳妇喃喃说道："……多一个少一个咋了，总之是男孩那就是灵的，你们家那钱也不白花呀。"

那媳妇只是躺着，合眼不做声，那护工忽然停了手，往门外瞅，我也不知怎的，犯起心虚，转身就走，正看见对面病房一个女娃站在门边上，看着也就两三岁，浓眉大眼，白白胖胖的，长得很是好看，目不转睛地盯着我看，忽然笨拙地跟我招手。

我愣了一下，随即心里乐开了花。有些人长得眉眼凶恶，不怒而威，孩子见了就吓得直哭，有些人则是眉梢眼角天生端丽漂亮，不逗孩子看着也会笑。我却是两边都够不着，逗不笑也惹不哭，所以素来没什么孩子缘，真是头一回有小孩冲我示好。一摸上衣口袋，还放着超市找零给的两颗徐福记绿茶糖，我掏了出来给了那女娃，那孩子腼腆地笑笑，我打趣地说道："不说谢谢呀?"

她听了，忙朝我招手，说道："拜拜，拜拜……"

看来她还没怎么学会说话，估计就只会这一句，心想就别难为人家了。这时刚巧电梯的金属铃响了一声，我按着膝盖站起来，也招手逗她说："那拜拜了。"

她捏着糖朝我扬了扬手，声音含糊地说："拜拜。"

二

隔天晚上九点钟，我下了班后过来看唐诗，手里提着在楼下买的夜宵，一进门就看见床边上坐着一男一女两人。我和唐诗的交情虽然还没到那种两肋插刀的份上，但也算是老熟人了，平时往来从不拘谨，所以没敲门就这么大大咧咧走了进来是我的失策。他们仨估计是被我的唐突打断了谈话，神色不晓得是凝重还是尴尬，齐刷刷地往我这边看来。

时势不对，进退失据，气氛就这么死绷着好几秒，我正踌躇着找个啥借口走人，那边男人却忽然打了个响指，熟稔地朝我打起招呼来："哟，莫辞你来了啊。"

说着就冲我笑了笑，两指比到眉角做了个好久不见的手势。我愣看了他半晌才认出来，这人是之前见过面的——唐诗大学的同学周长笙，这家伙头发比之前长了不少，弄得我一下子没认出来。

我上下打量着他说："原来是你啊？！"

他看着我，打趣道："您贵人多忘事啊，都不认得人了。"

"哪有。"我最不会跟半生不熟的人寒暄，只好冲他笑了笑，也不知该接什么话。周长笙倒是个伶俐之人，见没什么话题，拍着膝盖站起来说："得了，我俩就是给唐诗带了些东西来，也该走了，莫辞你们慢慢聊啊。"

他从我边上走过时，伸手在我肩上拍了拍，露出一口整齐的白牙，笑得很是风流倜傥，又转身去唤跟他一起来的那女人说："顾盼，咱们走了。"

顾盼站在那不动，却意味不明地看着唐诗，一副欲言又止的模样。这女人长得眉清目秀，是那种不施粉黛的清丽好看，一头长发披在肩上，又直又黑。唐诗一脸无奈，皮笑肉不笑地朝她咧咧嘴，往门那边仰了仰下巴说："走吧。"

那边的周长笙又催促了一声，顾盼这才不耐烦地回了一句说："走就走啊，嚷啥呢？"边说边拿起挎包，匆匆跟了上去。

周长笙耸了耸肩，抬手跟唐诗做了个道别的手势，把桌上一个水果篮拿起拎着走了。唐诗看着他那举措瞠目结舌，半躺在病床上，指着门外叫："靠！空着两手来探病就算了，还拿走我水果篮，你见过这种人吗？"

我懒得搭这话，搬了个凳子坐了过来，顺手就把夜宵往床头柜上一放，回头看见唐诗手里捏着一个金漆木盒子，半巴掌那么大的玩意，花纹雕琢得像神龛似的繁复缭乱，我指了指问："这是啥？"

"啊，周长笙刚才还来的。"唐诗不以为然地应了声，然后一副无所谓的样子打开来让我看。我想能装在这么个盒子里的，不是镶金镀银的宝贝玩意，至少也该是值点儿钱的古董吧？总能叫我开开眼界，怎想这一看，里头就放着一匝红线。

之前唐诗确实把这东西给过周长笙，因为那家伙人脉广，又是搞艺术的，估摸会有门路找着些民间工艺者，就说要他帮忙寻摸寻摸会编这种线的人。但我盯着那红线看了半晌，硬是没看出什么端倪来，除了比平时见的颜色暗沉了点，压根没啥特别之处，也不知道他们之间是不是互相忽悠着玩的。

“这东西到底有什么玄机？”

唐诗小心翼翼地拈起线头来，睨我一眼说：“你倒是先猜猜，这线是从哪来的？”

我皱皱眉，哼了一句：“天晓得。”

唐诗说：“许村那簪子上的同生结，你该还记得吧？”

我整个人一愣，一听许村那事，顿时神经绷紧了起来，说话都磕巴：“怎……怎么关这事？”

“那结就是这红线结的，我解下来了。”唐诗说罢，麻利地把那红线重新束好放回去，合上盒盖子，用指腹在盒盖上的纹理上描画着，一副酝酿不出话语来的沉郁表情说：“这线啊，有点儿来头……”

这家伙平时谈个正经事总是嬉皮笑脸的，我特看不惯他忽然这副忧国忧民的脸，心想这一准儿没好事了。正想问个究竟，唐诗忽然往我背上使劲一拍，又指指吊瓶，示意我陪他上厕所去。

一趟回来，拐过走廊就见那天家属闹事的产科病房又围了一圈人，我纳闷又出啥事了，耳边忽然传来一声尖叫，凌厉得像一刀切到肉里似的，听得我头皮发麻。

唐诗惊讶地看了我一眼，也不待我说啥就拉着我跑了过去，只见病房里头站着几个家属，床上趴躺着的就是那天那个媳妇，正全身挛性抽搐，歪着头，两眼发直地看着门外，牙关咯咯地打着战，发出哮喘症似的尖锐抽气声，两名护士急忙把她翻转过身来，解开她的衣领，方便通畅呼吸。

那媳妇的左肩膀上的皮肤，不知怎的弄得一大片淤黑乌青，一直蔓延到腮帮。两名护士又拿着卷垫扣在她齿下，不出片刻，那女人全身抽搐得更厉害，像尾砧案上的鱼一样扑打翻腾，挣揣不止，喉咙发出呜呜的尖锐声，床都震得快要散架了。

眼看那两名护士制止不住了，我正想要过去帮把手，旁边的唐诗早已拔了手背上的针头，风风火火地冲进了房间，我被他的反应吓得一时间不知所措，只是眼睁睁地看着他快步走到床边，猛地一手压着那媳妇左肩，将她按在床上，那媳妇瞬间像触了电般挣扎不休，唐诗见一只手压不过来，神色竟有点被呛到似的，咬牙将两只手都搭了上去，用全身的力气，死命地压着那女人的左肩。我心里骂这家伙乱来，这么搞还不得把病人弄骨折，三步并作两步上去，一把将他推开，说："唐诗，你干啥呢！"

唐诗沉着一张脸，喘着气，直直瞅着我也不答话。刚巧值班医师过来了，他先把围观的人哄散了，然后推着那媳妇往急救室里送。

我看了那媳妇一眼，此时的她正一抽一抽地吸气，发出尖锐的呜咽声，肤色白得像漂白粉泡过一般，那肩上大片乌青越发明显，近了才看清楚那全是指头大的疙瘩，凸凹坑洼，密密麻麻的，像一颗颗摔过的杨梅，恶心倒说不上，就是不知怎的，看得我浑身发冷。

瞧着那媳妇被送了出去，病房里的家属却一个个苍白着脸站在一边，动都不带动的，唐诗扫了眼他们，缓缓地问："你们家媳妇生的是儿子？"

那天那个被唤作二哥的小平头有气无力地"嗯"了一声，那天挥拳打人的气势荡然无存，唐诗古怪地笑了一声，冷冷地说："拴来的？"

一直靠窗边坐着的婆子，一听这话就跳起来，瞪大眼恶狠狠地指着唐诗道："你说什么胡话！"

我晓得这一家子闹事厉害，拉了唐诗一把，暗示他不要招惹他们，但是这家伙不知道是挂水挂傻了还是咋的，又来了一句："还一拴拴俩，你不要你家媳妇的命了！"

这话一说，家属们的脸全都白了，那婆子身子抖了抖，眼睛直勾勾盯着我俩，嗫嚅着唇一句话没说出来。

"滚，快滚！"旁边那个五十来岁的男人忽然暴躁了起来，凶神恶煞地叫嚷着，把我俩推搡着出了门，砰的一声，关上了门。我纳闷地看着唐诗，这家伙神色冷淡地看着那扇门，里头有声音吵起来，说的不知道是哪里的方言，一丁点儿也听不懂。

"走吧。"唐诗拉我往回走。

我看他一肚子气没地方发泄的憋屈样，知道事情有点儿蹊跷，但又有点怕开口就扫到台风尾。等回到病房，我们两个摊开夜宵来吃时，我才着实忍不住问了句："那家人是怎么了，刚才你那反应……"

唐诗正把炒面里的葱挑出来，边动筷子，边说："没啥，有点儿看不过眼了。"

虽然不知道他意指什么，但看他刚才的架势就知道，肯定又是那档子的事。

"你这样说是什么意思？"

唐诗瞥我一眼问："你之前说的那个什么双胞胎生下来没了一个，在医院里闹事的家庭就是那家吧？"

我点头道："就是那家。"

"那就对了。"他细嚼慢咽地吃了口炒面，接着又说，"那家人看来是拴了童子。"

我一愣，没听明白，追问道："拴童子是什么？"

唐诗挑了挑饭盒里的面条说："就是想要生男娃，于是用所谓术法给拴一个呗。好些乡下地方也有人往庙堂去拴，但那基本都是忽悠人的，不灵准，倒是这家人，不知道找了什么人拴的，倒是真给拴上了……"

他的话，我依旧听得不是十分懂，那拴上了是好事还是坏事？那边的唐诗却顿住话不往下说，只是拿着筷子继续有一下没一下地拨着那堆炒面，拨弄得我胃口都快没了，干脆放下筷子不吃了，问："那为什么生出来会没了一个？"

"他们估计是想要拴两个来着的，结果有一个没拴住。"唐诗也放下筷子，屈着手指有一下没一下地敲着桌面，脸色越说越不对劲，"这玩意有个好听的说法，说孩子是从天宫童子里拴过来的，叫莲生子，但其实也不晓得拴来的是什么，我看多半是罪孽深重入不得轮回的鬼仔，术法高深拴住的，孩子能生出来倒也没事。要一个拴不住那就惨了，那媳妇的命留不留得住难说，说不准还会祸及全家……"

我睁大眼看着他："等等，你说那媳妇的命留不留得住难说……"

"是啊。"唐诗拿了一罐可乐拉开拉环递给我，另一只手往自己肩上拍了拍说，"看见她的肩膀了吗？"

这一问，我不由想起那女人肩上那一堆淤黑的疙瘩，心里不禁抽了一下，"那是怎么回事？"

“有道是‘人道尚右，以右为尊’，不好的东西往往都是附在人的左肩上，你看她那肩膀都成啥样了，可想而知，拴来的那东西是多么的厉害！”

我听着心里堵得慌，一声不吭地接过那罐可乐，唐诗也自己开了一罐喝了一口。我晃着易拉罐说：“你不是说看不过眼吗，也不想想办法？”

唐诗忽然停了动作，古怪地看着我，似笑非笑地勾着唇角说：“你怎么在意起这种事来了？”

“我只是在想，为了要个儿子，为什么平白把媳妇的命都搭上……”

唐诗却打断我的话：“说不准人家媳妇乐意的，你能怎么着？”

我这便住了嘴。

唐诗见我绷脸了，连忙摆摆手说：“不说了。要不这样，今晚你在这陪我睡，明早我出院，咱俩看看去，你看我自己一个人待医院多可怜。”

我对他的提议嗤之以鼻：“我值夜睡这都睡够了，没事还睡医院，神经。”

两人又聊了一阵儿别的事，见时间已经很晚了，我便收拾好东西回去。走过护士站的时候，我不禁又往妇产科那房间看了一眼——门扉依旧紧闭着，连窗户的挡帘都拉上了。

我心里暗暗叹了口气，一晃眼就看见那病房的门前站着个矮矮小小的影子，我定睛看去，竟然就是上回见过的那个小女孩。她也认出了我，冲我一笑，笨拙地摆着手，张嘴似乎又是在说拜拜，我也朝她招了招手。这时电梯刚好到层，抬头一看中堂的挂钟，已经十一点半，等我再往走廊那看去的时候，那女孩却已经不在了。

三

隔天刚好休息，大清早我就过来接唐诗出院了，手里提着在楼下买的早餐上来，一推房门又见床边上坐着一男一女两人，这仨估计又是被我的贸然出现打断了谈话，个个一副凝重阴沉的神色不约而同地转过头来瞅着我。

我心里正嘀咕说真是够了啊，却认出来坐在那的一男一女竟是那产科病房的家属，顿时整个人怔在门口，唐诗勾手让我过去，拍拍床边示意坐下来听。那两人就是那老婆子和昨天轰我们出来的老头，夫妻面面相觑，又狐疑地盯着唐诗，我心里正想着这仨演的哪一出啊，唐诗就摆摆手说："没事，你们继续说。"

原来他们一家子是横县人，那老头子姓汤，那女人则让我们唤她七婶，三年前举家迁到这里，他们有三个儿子，大儿子十几岁的时候就去了，那小平头是二儿子，生孩子的就是他媳妇，唤作程云秀。因为家里人都想要生个男娃，去年差不多这个时候，家乡一个亲戚建议他们去拴一个莲生子，并介绍了个很厉害的帮拴人，全家于是按图索骥找到了高人，那帮拴人在家里设了阵摆了法，让媳妇在老家屋里住了三天便完事了，至于那过程到底是给拴的几个，他们自己也不清楚。

孩子怀上后举家自然欢欢喜喜，几个月下来一切也都还好，直到孩子出生前两个月，事情开始有些诡异。媳妇不知怎么着得了怪病，肩膀上出现小片鼻头那么大的淤血，一挤压就痛得叫嚷个不停，当时并没在意，上上药也就完了，后来那淤血越长越大，媳妇天天晚上睡着就神神道道地做噩梦叫爹喊娘，一家子这才开始有点后怕，但都已经在预产期了。

最终还真出了事，等孩子出生一看，却只生得一个。

"等等。"我听到这忍不住打断了一下，问道，"之前确实是怀了两个吗？"

七婶点了点头说："四个月时做的检查，怀的确实是双胞胎，都是男孩。"

再光怪陆离的东西要胡扯都能说得过去，但确确实实怀在腹中的孩子凭空没了一个，我怎么都无法接受，一想到这，我又想起昨天那媳妇发病的事，也不晓得现在状况如何，忙问道："对了，你家媳妇，现在怎么样？"

"昨晚缓过来了，不过还是有点儿神志不清，而且……而且……"七婶膝盖哆哆嗦嗦地抖，说着说着就哽咽了。

"而且怎么了？"

"我儿子肩上，也开始长那样的疙瘩……"那汤老头子续了话，伸手去拍了拍七婶膝盖，一阵摇头叹气，看着唐诗说，"昨天见你小伙一看便能说出事来，说不定有办法化解这事，所以我们……”

唐诗不为所动，像是在思忖什么似的出了神，片刻才伸手抵了抵眼镜说：“这事我可以试着帮你们，但不一定能帮得上。”

那七婶忙点头应承：“行，行！只要你救救我儿子，多少钱都行……”

“我不要钱，我只想知道给你们拴童子的是什么人。”唐诗靠在床边坐直身子来，表情带着笑，语气却是说不出来的冷峻。

我奇怪地看着他，那汤老头也愁得皱了眉头，摸着半秃的脑瓜好半晌才结结巴巴地说：“我，我们也不知道，是乡下一个亲戚介绍的，说能给拴男娃，特灵准，咱们就让他来了，后来事情邪门了，我们试着再去找这人，却找不着了……”

唐诗问：“长得怎么样的一个人？”

汤老头想了好一阵，才含含糊糊地用手比着身高道：“很高大的男人，三十来岁，样子长得挺上眼的，就是看着有点阴郁，怎么说呢……”

唐诗抬手往自己左眉梢上一划，接话道：“那人眉侧是不是有一颗朱砂痣？”

汤老头思忖了一下，惊讶地道：“对，对，好像是有的！”

唐诗眸色一暗，探身从床柜抽屉里取出个夹着支圆珠笔的小本来，一口咬掉笔帽行云流水地写下了一串字，撕下来递给那汤老头：“你去把单子上的东西买回家捣碎，用锅隔水蒸着，等锅里的水差不多蒸干的时候，就赶紧取出来放在屋子的每个角落。”

我凑过去瞅了眼，不看还真不知道这家伙居然写得一手好字，跟临帖似的，字字端秀，都是些中药名字，黄芪、当归、菖蒲诸如此类。

汤老头颤巍巍地接过去应承道：“好，好……”

唐诗点了点头，又郑重地看着他俩说：“我想现在见见你们家媳妇，可以吗？”

夫妇俩亟亟应说好。我以为我俩是要到产科病房去，谁料那七婶说今天一大早他儿子就坚持把媳妇接出院了，我和唐诗只好跟着她一起打了出租车往她家里去，汤老头遵着那单子去买东西了。

四

他们住的地方在市里一个老住宅区，看大楼外墙就能知道是二十世纪七八十年代的楼房，大院式管理的住区，邻里基本上都是老住家，我俩跟着七婶气喘吁吁地爬上七楼，刚迈进门就扑面而来一阵恶香，我被呛了一下，咳个没完。唐诗和七婶却似没嗅着那味道似的，径直进了屋里去。

虽然是上了年代的单位房，三室一厅倒是相当宽敞，看得出搬进来时重新修整装潢过，家具墙面都很是新净。七婶领我们到主卧里，那媳妇就半昏半醒摊着衣服躺在床上，淤青的疙瘩比昨日见到的扩大了一大片儿，肩尖上的已经破了脓，混着血水皮肉，黏糊糊的一片，像被狗啃过似的，骨头都快露了出来。那床边坐着的小平头左肩上也缠了一圈绷带，见我们进来，他看了我们一眼，又迫切地看着七婶，似是要说什么，七婶过去和他低声耳语了两句，又摆摆手让他坐下，他才没做声。

房间里充斥的气味让我大气不敢喘一下，那边媳妇忽然呻吟起来，手指死绞着被褥，呜呜地哭起来："我的孩子啊……我的孩子啊……"

唐诗看着皱了皱眉，又径自在房间里巡视了一圈。这房间应该是屋子的主人房，地方偌大，但朝向不好，所以采光极差，又挂着厚窗帘，大白天也是阴阴沉沉，房子里摆设很简单，两个柜子，一张双人床，窗边放着的婴儿摇床置满了花花绿绿的小孩衣服和好些婴儿用品。

没多久，那汤老头就买好了东西提着个纸包回来了，按唐诗说的把捣碎的药粉隔水蒸好，置到屋子每个角落，也不知道是不是药味太浓重，我跟唐诗两人在阳台抽了根烟回来后，就觉着刚进门时那阵怪异的恶香没了。唐诗从包里取出几张巴掌大的红喜纸，拿那药粉一抹，然后就在上面写字，先是他自己的名字，然后是我的，又问了屋里其他人的名字，一一写上折好，按着名字分给各人贴身带着。

我捏在手里问他："写名字用来干吗？"

唐诗故弄玄虚地说："晚些你就知道了，只管拿着，有了它，今晚就什么都不用怕了！"

接下来唐诗啥也没说，啥也没做，只是让我们干等。结果这一等就等到了晚上十一点，蹭了人家两顿饭和一顿夜宵，我有点儿不好意思了，心想自己明天轮的还是早班呢，要不就先走了，正要站起身的时候，突然嗅到一股怪异的香味自身后传来。

我惑然地看向唐诗，他却一副什么都没察觉到的样子，镇定自若地抓了一把瓜子在嗑，我心想事情没完我回去也不得安心，只好挪过去在唐诗边上坐下。过了半晌，那味道越发厉害，我着实有点受不了，想找根烟抽抽，好盖盖那味儿，伸手去口袋里把烟盒摸出来了，却找不到打火机，正想着会不会丢在阳台上，一抬头才察觉这房子有点儿不对劲，厅里的光线越发昏暗起来，往四周看了一眼，见满室笼着一片灰青色烟雾，袅袅绕绕，我忙抓了侧旁的唐诗一把，压抑着声音道："唐诗！快看……"

他竖起食指做了个噤声的手势，然后往那媳妇的房间指了指，我循着那方向看去，那房间门扉虚掩着，里面像起火似的大团浓烟在往外冒。隐约听见里面有声音传出来，是低低的呜咽，那哭声像幼猫嘶叫似的，明明是从房间里传出来，进到耳中却像是空谷回响，千转百折，听得人头昏脑涨。我忙站起身来想要往房间走，这一使劲才发觉自己浑身都动弹不得，我心里叫了声糟糕，瞥眼看向唐诗那边，竟没见着人，那家伙不知道什么时候不见了。四周的雾霭越来越浓，不到片刻这室内已是伸手不见五指，这时身体倏地一松，手脚一阵酸麻，竟能动了，我摸索着走了几步却没碰到任何障碍物，四周是一片空旷，我着实怀疑自己是不是还身在那客厅里，试着喊了一声："唐诗？"

那声音像是荡不开似的，只在耳边嗡嗡地响，那尾音响到最后忽然像切换了音频一样换了个声调，吊高成阴森又凄厉的哭声，我的心一下子也跟着吊到嗓子眼，下意识地捂了捂口袋，碰着唐诗给的那张红喜纸忽又定下了神来。那哭声就像有一大群黄蜂从四面八方朝这边涌动，光是听着都叫人头皮发麻，我亟亟往前走，开始感觉到脚下有什么翻涌，身边的雾气越发浓稠，甚至能感觉到拉扯四肢的张力。

我顾不着这么多了，亟亟往后退了几步转身就走，客厅也就十几平方米而已，我却走了将近一分钟也没碰着墙壁，心不禁慌张起来。

这时前方忽然出现一抹豆大的火光，摇摇曳曳地过来，在一片雾海里分外明晰，我捏着口袋里那张红喜纸，心想死就死吧，心一横，于是朝那火光的方向走去，雾霭浓重得犹如水流一般，抬手一划甚至能掬起一抹乌青，从指隙流散开去。越接近那点火光，耳边乱七八杂的哭声反而叠合在了一起似的，变得越清亮透彻。

隐约看见前方站着一抹影子，是个穿着花花的百家布棉袄的女娃，背向我低头捂着脸哭泣，小小的肩膀在轻轻地抖着。不知为什么见到她后，我之前的惶恐一霎烟消云散，反而有一种说不清道不明的感觉自心头泛了起来。那孩子忽然转过身来盯着我，样子看着有几分眼熟，却一下想不起来在哪里见过，只瞅着她缓缓走到我跟前来，像有什么要说似的，招了招手，示意我蹲下身来，她脸上的泪水依旧断了线似的在掉。我那时不知怎么想的，竟毫不犹豫就俯下身去，那孩子哽咽起来，一手挡在嘴边凑到我耳边来，那瞬间只觉得一阵刺骨的寒冷直涌进耳道，隐隐约约听见她说："要走……"

说罢，那原本端秀的容颜忽然狰狞，霎时眼瞳大扩，嘴角咧到耳边，露出了野兽般的獠牙，她吼叫了一声后，就朝我扑了过来。我想躲已经来不及了，只好抬手去挡了一下，结果没及时挡住，肩膀顿时一阵剧痛，像被一只无形的大手捏压在上面要把骨头碾碎了似的，我惨叫了一声，伸手就去扯拽，一使劲那女娃脱了口，啪的一声摔在地上。我捂着疼痛难忍的肩头，顾不得再看一眼，踉跄退了两步转身就跑，突然有个东西从脚踝直缠上来，就像是被五指攥抓着，我心下一凉，抬脚就去踢，不想更多东西缠了上来，甚至有些往身上扑，数量越来越多。我心想这下肯定死定了，就在这时，突然我听到一声打火机擦火的声响，然后身下就蹿烧起一大团火苗，与此同时，无数的惨叫声此起彼伏地叫了起来，像是有很多人被烧了起来，半晌之后，突然间，像是被按下了静音键似的，所有的惨叫都消失了，四周安安静静的，像是什么也没发生过一样。

我只觉得头昏脑涨，双眼有些蒙眬，等我回过神后，那雾气已经散尽，眼前出现了唐诗，我发现此时自己所站的地方赫然是阳台，而脚下却是一片燃尽的火灰。唐诗手里捏着之前点烟的打火机，呼吸急促得很，二话不说径自伸手就往我口袋里掏，好一阵才扯出那张红喜纸，不想它已经被烧掉了一半。

他回眼看着我，手里捏着红纸在眼前晃了晃，问："怎么回事，莫辞你做了什么？"

我眉头皱得很紧，反问道："我能做了什么？"

说罢只觉肩头一阵疼痛，撩高衣袖去看，只见两道咬痕一般的口子，幸好不是太深。唐诗也凑过来看了一眼说："奇怪了，纸上写了你的名字，按道理来说，是不会被那东西障了眼的，你怎么会受伤了呢？"

我听着蒙了一下，猛地把那红喜纸抓过来看。虽然烧了不少，但隐约还能看见上头写着"莫辞"二字，我心下就开始毫无保留地使劲儿骂他娘。

"唐诗你他妈的让你卖关子，问你干啥要写名字，你大爷的给我卖关子，事先把事情说个明白会死！"我指着他鼻尖就吼，"我这回真 × 你大爷了！这差点儿害死我，我全名是莫一辞！"

唐诗瞠然看着我，估计他也蒙了，只听见他啐了声娘，也不甘示弱地朝我骂："你忒不厚道了吧！认识你这么久原来他妈的连真名都没告诉我？"

"你他妈没问不是，我总不能天天给你掏身份证看啊，搞笑呢？"

那一霎我真他妈觉得自己比窦娥还冤，名字称呼这种东西本来就是喊着方便的，俩字怎么都比仨字溜口吧，父母朋友都这么喊我，习惯了也没觉得哪不妥当，只是死活想不到被这家伙在这摆了一道！

唐诗本来还要跟我纠缠这事，正要顶嘴，这时房间里忽然传来一阵哄乱声，他不明所以地瞥了我一眼，回身冲进了屋里，我匆忙地跟了上去。

一进那房间，只见那三人都缩在房间角落里，只有那媳妇躺在床上大口喘着气痛吟，左肩上趴附着一个东西血淋淋的，像是刚足月的婴儿，它头颅很大，包裹着骨骼的皮肤就似是捣碎的肉泥裹上去一样坑洼黏糊，颈脖和四肢却萎缩得异常短小，裂开到耳边的大嘴咬在那媳妇肩头，长满了虎鱼一样密密麻麻的牙齿，颧骨撑破了血脉皮肉绽了出来，抽搐着一动一动。原来一直附在那媳妇肩上的是这东西，顿时一股恶寒从我脊尾直蹿上心口。

就在我使劲儿给自己鼓劲时，唐诗忽然一把将我拉开，伸手去捉那媳妇肩上的东西。他的手指刚碰着那东西，它就仿佛触电一般使劲抖了一下，发出一声尖厉的叫声，牙关一松，摔落下床去，有一声没一声地发出刺耳的啼哭声，像是只溺死的小猫。七婶吓得浑身抖得跟筛子似的，嚷嚷道："能弄死吗？那玩意能弄死它吧？"

那东西盘缩在床下嘤嘤地哭，头颅足有正常成年人两个头那么大，眼睑肉粘连在一起，哀叫着爬划着四肢，嘴巴一张一合的，翻涌出来的血水淌了一地，那东西渐渐被一层灰青的雾气包裹起来，最后蚀化成一抔黑色的灰。

唐诗看着它，忽然神色凝重起来，沉声道："这不是莲生子……"

我听得一愣，忙快步走过去问："怎么回事？"

唐诗拿手拈了些灰烬凑到鼻尖嗅了嗅，说："没拴住的莲生子身上本该是戾气极重的，但这东西身上没有戾气，而且度不走它。"

我的思路一下理清不过来，既然这不是莲生子，那是什么？为什么会缠着这家人的媳妇，那拴来的童子呢？

唐诗回身往七婶那边走去，用沉着却异常震慑人的语气问："怎么回事？你们一家子瞒着什么没说？"

我想到刚才在那雾霭里见到的那个哭得凄切的孩子，忽然心里一阵森寒，哑声问道："……你们家里有女娃吗？"

那夫妇俩一听，忽然惶恐地瞪大眼，颤巍巍地看了看对方，欲言又止地低下了头去。唐诗看在眼里，不知道被触到哪根弦，疾步走过去一把攥起那汤老头领襟吼起来："你们是不是瞒着什么事？若不肯说个明白，这事我办不了，人是生是死，就随你们的便了！"

"这，这……"汤老头磕磕巴巴地说不出话来。

唐诗一把甩开手做出转身走人的样子，那小平头许是真怕了，疾步上来将人抓住，居然扑通一声朝那床边跪下，然后嚷道："我说，我说！我家媳妇之前，确实怀过两个女娃的……"

"那现在呢？"

"……死了。"

"死了？"我愕然。

"有一个是打掉的，另一个三岁的时候得肺炎死了……"

我和唐诗对看了一下，彼此都缄默了，床上的程云秀却忽然尖声哭叫起来："孩子本来是不会死的，不会死的……我的孩子啊，我的女儿啊，妈对不起你！"

唐诗脸色暗沉得很，看着那抱着脸恸哭的程云秀问："你女儿是怎么死的？"

程云秀抬起濡湿的眼，满腔恼恨地看着脸色煞白的七婶，哽咽着道："孩子得了病，他们不给送医院，说是女娃，反正也不想养……我是眼睁睁地看着孩子断气的。"

我听着浑身发冷，不觉握着拳头把手骨都攥得生痛，这得冷血到什么程度才做得出来。旁边的唐诗许久才叹出一口气，冷冷地问："孩子叫什么名字？"

那七婶不敢说话，只是抿着唇，半晌那汤老头才支支吾吾道："一直没打算要，所以就没给取名字……"

他顿了话，便没再往下说。

唐诗不怒反笑，无可奈何地摇了摇头，顺手取了件花绿的孩子棉袄，弯下身去小心翼翼地包起床边的那一抔死灰。

"叫汤蓉……"程云秀忽然念道，声音轻小，细若蚊蚋。

唐诗停了手抬眼看着她，程云秀点点头，又转头看着窗边那张婴儿床道："怀上那时候我就想，如果是个闺女，就唤作汤蓉……"

"是个好名字。"唐诗站起来，把那包裹着东西的衣服收叠好放到程云秀手边，"你女儿死后都没有名字，又没立灵位，现在是下不得阴曹报到，享不到香烛素果，纵是做鬼了亦饱受饥寒。她无处可去，又无家可归……到人世间走一遭，本就不容易，却要她死了也受这份苦。"

程云秀一听，眼圈都红了，心神慌乱地伸手就去掏旁边的一篮子衣服，一件件摆开摊在眼前，一件件仔细地看，期期艾艾地说着"我的闺女啊，我的好闺女"，头一低，眼泪又止不住地掉，想来那都是女儿以前穿过的衣裳，她放在床头朝夕看着，那百般念想萦绕心头挥之不去。

唐诗舒了舒眉头，一脸温和地伸手拍着手边的衣服，仿佛哄襁褓中的婴儿入睡似的："汤蓉啊汤蓉，你听见没有？你妈妈，她并不是不要你……"

我和唐诗比肩而站，那一霎仿佛隐约听见孩子的呜咽声，若有似无，萦萦绕绕，再看床头边上，模模糊糊地映着一个影子，明明是看不清晰的景象却似是烙印在脑海里一般，有种强烈的感觉告诉我，那叫汤蓉的孩子就在那儿，她穿着那件花花绿绿的百家布棉袄，拉着她妈妈的手指，轻轻握了握，墨黑的一双眼清泪扑簌簌地掉，却是朝程云秀咧着嘴笑，眉眼弯得如月牙一般。

那一刻我心中不知道是暖还是凉，多好的一个女娃，为什么不要呢?！但某种观念根深蒂固了，你就算知道它不应该这样，有时候迫不得已它就已经是这样了。

回来路上，我问了唐诗:“那孩子走了吗?”

他抬手抵了抵眼镜笑着说:“走了。”

我在脑里将事情的来龙去脉理了一次，掏出烟来给唐诗递了一根过去:“之前那双胞胎没了一个，不是说是因为一个莲生子没拴住吗?”

“实际上给他们拴的人也就拴了一个。”唐诗点上火狠狠吸了一口，缓缓道，“我见那媳妇被那东西缠上，起初以为是还有一个童子没拴住才这样，却没想着是他们家的女儿。”

“也就是说本来怀的就一个?”

“你不是说怀两个也有变一个的可能吗?”他忽然一脸无赖地笑起来，“那我怎么说得准。”

我心想也是，便没再问下去。此时，已是接近十二点了，地铁早已停运了，附近又没有夜班车的车站，两人只好徒步往回走，看看半途能不能截上出租车。彼此都各有心事地缄默着，估计也为这事纳闷得慌，走了一阵都相对无话，唐诗找了个路边的垃圾箱摁熄了烟头，忽然回过身说:“我跟你说，莲生子生出来的孩子，都是童子命，活不过二十岁的。”

我怔在那儿，霎时接不上话。

这时前方刚好驶来一辆亮着红牌的出租车，唐诗二话没说走到路边挥手拦截，然后回身催促我快点，我把烟火掐掉扔到水道里，急忙走了过去，唐诗拉开了车门，等我进去后他才弯身钻进车里，刚坐定，他忽然用很淡然的语气问我一个很脑残的问题。他问:“莫辞，你相信报应吗?”

当场我就愣住了，不过就这件事来说，汤家确实是咎由自取，便颔首道："我信……"

"为什么？"

这能为什么？

"任何事，因果缘由总会有的吧。"

唐诗用不明所以的眼神盯着我，眸色迅速地暗淡了下去，却笑着喃喃道："也是啊，因果缘由……"

我静静看着他，车外流光将他那张脸映得暗沉抑郁，轮廓分明。有一种无以名状的感觉升腾起来，我忽然觉得，我对眼前这人的了解，其实并没有想象中的那么多。悬疑志

Kui Shi

窥视

文 / 青丘 图 / 玉烟先生

《庄子·外篇·山木第二十》："睹一蝉，方得美荫而忘其身，螳螂执翳而搏之，见得而忘其形；异鹊从而利之，见利而忘其真。"

一

昨晚刚下过雨，蝉发着刺耳的叫声，空气既潮湿又闷热，我一个人守在剧场门口，与白翌约定的时间还没到。天忽然又暗了下来，不一会儿，倾盆大雨就将地面和树叶都打湿了。

我本来是站在剧场大门口的，而今被挤到了通道尽头的角落里，我有些担心会不会找不到白翌，现在到处都是躲雨的路人，嘈杂的声音和晃动的人影不断地交融着。忽然我发现在大门里侧的角落里躲着一个人，身高和白翌非常相似。我穿过拥挤的人群，那种拥挤的黏腻感让我加快了步伐，到了他身边后，我也不管三七二十一，拍了一下他后背说："哥们，你可真会躲啊。"

但没想到他不是白翌，只是长得非常像，要不是我和他相处了那么多年，我可能都会认为只是白翌换了一个发型而已。

他回过头，并没有因为这样的天气和场合生气，反而很有礼貌地笑了笑，然后开口说："朋友，你认错人了。"

他的声音非常温雅，但话音刚落，就有一个女孩突然指着这个男人说："你是不是那个演《窥视》话剧的金波？前几天新闻里报道的那个！"

男人似乎对那个新闻报道很敏感，一听不由微微皱了一下眉头，突然人群中射出了一个闪光点，估计是有人在拍照吧，男人警惕地朝着那个亮点看去，但是什么也没看到。

骚动很快平息了，男人恢复到原先的平静，随后，他礼貌地说有事要先走了，于是便离开了。

我望着他远去的背影，还在诧异这名男子和白翌如此相像之时，身后被人拍了一下，然后一个熟悉的声音从身后响起："哥们，你可真会躲啊。"

我回头一看，是白翌，这次是真的白翌，我刚要开口，先前那个女生又激动地高声道："您又回来了？能给我签个名吗？"

白翌莫名地看着我，随后回答道："不好意思，你认错人了。"

女孩子歪着头，盯着白翌足足看了有一分钟才转头。

白翌拉着我说："你怎么非要来这看电影，在家不能看吗？热死人了。"

我鄙视地说："你懂啥，这电影票多难搞，你看那么多人都在等着看呢。"

白翌翻了一个白眼，不屑地说："这里三分之二的人都是躲雨的，你以为我不知道。算了，反正你要看就看吧。我不迁就你谁迁就你？"

我小声地骂道："你个宅男……"

他不动声色地敲了一下我的腰间说："你有资格说我？"

就在我们斗嘴的时候，突然有人拍了拍我的肩膀，我转身一看，是一个戴着棒球帽和太阳眼镜的男人，虽然看不到他的面孔，但是还是觉得有些眼熟。

这个人的站姿非常笔直，给人一种非常有气质的好印象。他此时躲在剧场内部的通道里，朝着通道内指了指，意思是让我们往里面走。我和白翌对看了一眼，正犹豫着去还是不去，就在这时男人消失了。白翌和我交换了一下意见，最后决定还是走一趟。我们进入通道后才发现里侧有一个隐蔽的休息室，那个古怪的男人正在里面等着我们。

他见我们进来后，迅速地关上了门，检查着四周，感觉像是地下党员，我甚至怀疑他是便衣警察。足足检查了三遍，在确定无人后，他摘掉了帽子和墨镜，原来是那个跟白翌长得非常相似的演员，我不由惊诧起来，他找我们有什么事吗？此时的他眉头紧锁，好像心事重重的样子，脸色也苍白得厉害，白得仿佛可以看到他皮肤下的血管。和白翌不同的是，他的英俊更多的是一种病态。

他礼貌地说："对不起，我知道这么冒昧地请二位进来有些唐突，不过这里比较安静。"

说完他对着我们俩微笑着点了点头，看着白翌的时候，他的眼神有着更多的停留，我心中嘀咕道："失散多年的亲兄弟？”

白翌倒是没我想象中那么吃惊，他只是微微地皱了一下眉头，随后整张脸又恢复成了“扑克”。我见那人那么儒雅，心里不免有些好感，客气地说道：“没事，你找我们有什么事吗？”

那男人依然保持着微笑，他礼貌地说：“是这样的，我想如果两位不介意的话，能不能请你们帮个忙？”

在我和他说话的时候，我发现他时不时地会把目光投向白翌，而白翌只是礼貌地点头而已。虽然只是很细微的动作，但好像那个男人还有什么话没说出来，这种抵触感让我有些不耐烦，我不自然地咧了下嘴角，而这样细微的心态仿佛瞬间就被那个男人发现了，他赶紧伸出手说：“抱歉，忘了自我介绍了，我叫金波，是一名话剧演员，两位先生怎么称呼？”

我先伸出手说：“我叫安踪。”

白翌看了他一眼，随即也伸出手说：“我叫白翌。对不起，我们要看的电影就要开演了，你有什么事情……”

金波看着手表，露出一个比较为难的表情，他说：“是这样的，我遇到了些麻烦，想请你们帮忙，我发现我可能患了某种心理疾病……”

听到这里，我脱口而出道：“你有心理疾病？”说出口后，我就后悔了，怎么能这么说话！

果真金波以为我把他当成神经病了，连忙解释说：“是这样的……前不久我演了一部话剧，是个悬疑侦探的本子，我这个人向来很容易入戏，但是不容易出戏，这一次更加严重了。我发现我无法走出这个故事……每时每刻我都像是生活在戏里，而故事里的人也像是走出来了似的，我怀疑自己是否是记忆混乱了……我曾去看过心理医生，医生跟我说过，只要我能够让自己明白这只是一部戏，不是真实的生活，那么我就可以解脱了，所以当我看到白先生的时候，突然萌生了一个念头，虽然我知道这样子有些唐突，但是真的希望白先生能帮帮我，我想请您代替我重演一次这个话剧，而我作为观众。因为您和我长得非常相像，我就像照镜子一样看着您重演了一遍，而后您再告诉我，这只是一部戏，是另外一个人，这样我想我的心魔就能解除了，不知……”

白翌推了一把眼镜说：“不好意思，我没有演戏的天分，我这个人很木讷的。”

虽然我很想吐槽白翌骗人的能力已经充分体现了他的演技，不过他的言下之意就是不愿意蹚这趟浑水，这我能理解。

金波也明白白翌的言下之意，他非常纠结地坐在座位上，摸着食指的关节，似乎正在想着什么，他忽然抬头看着白翌说：“白先生，我希望您能再考虑考虑，我真的……很需要您的帮助，因为这个世上能找到长相如此相似的人不大容易了，遇到您，也许是老天恩赐我的一次机会，我真的很需要您重演一次，以便带我走出这个梦魇……这一切真是太可怕了……”

白翌尴尬地看了看我，然后站了起来说：“对不起，就是因为这件事太重大，我觉得我没有能力承担……”

金波不死心，他也站起来说：“不，不需要演技，只需要演完，让我知道这只是一部戏，一个剧本，不是生活，没有……”他收住了即将破口而出的“鬼”字，他调节了一下呼吸，闭上了眼睛，再睁开之后他说：“白先生，如果您不帮我，也许再过不久我就无法承受这样的压力了，您不是帮我，而是救我啊！”

男人颓废地放下了手里的帽子，这时房间里的暗室里突然打来了一道闪光灯，男人像着了魔似的立刻跳了起来，在这不大的休息室内不停地翻找着，可是他连本来贴在门板上的女明星海报都撕下了，也没有找到那个闪光灯的来源处。我和白翌也觉得奇怪，这个闪光来得好没道理啊！跟先前在门外时的那个闪光灯一样的突然，一样的诡秘，不同的是，这一次我明显地听到了按相机快门的声音和一声似有若无的轻笑，随后是一阵急促的脚步声。

男人像是注意到什么似的，眉头跳了一下，他指着房间侧面的换衣间，问我们说：“这门一直都是开着的吗？”

我也不是太肯定，稍微回想了一下，我回答道：“没注意，好像来的时候就是开着的。”

男人“嗯”了一声，伸手从口袋里拿出了一包烟，他忽然意识到什么似的问：“我可以抽一支烟吗？”

我无所谓，让他自便，他的手有些抖，连点了几次烟都没点上，他的嘴里一直都在嘀咕“开着”这个词。虽然我也不明白这到底是怎么回事，但是那闪光灯的确是亮了。

白翌低头托着下巴，这是认真思考问题的小动作，过了片刻后，他说："我可以答应帮你，但是能不能成功我不保证。"

金波见白翌松口了，紧紧握着他的手，激动不已。男人给我们递了一张名片，他说："那么明天我们就在我所在剧团的练习舞台碰面，谢谢您白先生，我一定会报答您的。"

说完，他也跟我握了握手，我惊讶地发现这个人的手非常的潮湿，但那不是手汗，倒有点像是洗过手之后没有擦的湿漉漉的感觉。他再次客气地说了一句："白先生，那就拜托您了，我先告辞了，我们明天见，再次谢过！"

二

电影很精彩，但是白翌并没有在意，而是想事想得出了神，我见他还在纠结金波的事情，于是开涮地说道："难得你会那么见义勇为，平时你可是一直叫我少惹事来着的。"

白翌瞥了我一眼，没有理睬我的刁难，反问道："你觉得那个人怎么样？"

我一边喝饮料，一边说："我怎么知道啊！不过话说回来，刚才那不应该存在的闪光灯的确有些诡异。"

白翌说："他离开的时候一直靠着墙壁走，只要有人靠近他的身后，他就会停下来让身后的人超过自己后再走，虽然表面上看很正常，不过这个人给人的感觉就像是一只害怕螳螂的蝉。此外……"

他没有说下去，而是摸着下巴想得更加入神了。

我皱着眉头说："你这比喻不大恰当吧，我觉得那个人蛮好相处的，也够儒雅。坦白地说，我觉得他这事透着邪气，他的那个剧本可能会有些问题，你还是小心点吧，说真的，我并不是很赞成你蹚这趟浑水。"

白翌悠闲地靠在椅子上，喝了一口饮料，无所谓地说："这我倒是不担心，但我奇怪的是你看那小子的眼神为什么特别的专注？"

"专注怎么了，咱这是礼貌……"我歪着脖子，说到这里我听出了点味道，我贼笑着说："老白，你这话有些酸哪。"

白翌翘着嘴角笑道："酸什么，实事求是是一名人民教师应有的品德。"

我暗叹道："无耻，有的时候真的是

得天独厚的才能啊。"

第二天，到了和金波约定的时间，白翌本来是不想我去的，理由咱心照不宣，但是我一想到白翌这样的扑克脸要演话剧，我就觉得有趣，我怎么可以丧失这么一个可以向他吐槽的绝好机会呢？不去就没办法报昨晚的仇了！

我使出了撒手锏，我对他说："这件事有一定的危险性，如果就只是让你白翌一个人去，我真是有点放心不下，你不能糟蹋了我一片好意啊！"

白翌没办法，挥了挥手，意思是说随便你吧。

就在我准备关上电脑和他一起出门的时候，新闻弹窗居然跳出了一则新闻：特大爆料——著名青年话剧演员金波患有严重的精神疾病，现在正接受医生的治疗。

顿时，我觉得背后凉飕飕的，这也太夸张了，昨天金波才刚和我们说过，而且那屋子里根本没有人，怎么这么快就有了这样的报道？！莫非是金波自己透露出去的？我点开了页面，上面还有一张照片，角度正好是当时金波不安地挥着手在说话的情景，这个神情抓得非常到位，简直就像是精神病发作似的，但实际上他只是在和我们解释他遇到的诡事，而那一下正好就是那个神秘闪光灯出现的那一瞬间。我不禁倒吸了一口凉气，这新闻报道简直就像是特意要让这个金波身败名裂似的。

白翌掐掉烟头，说："走吧，先去找金波。"

按照金波给的名片，我们找到了他所在剧团的地址——一个靠近苏州河的小工厂，里面被改造成了小型的剧场和排练室。这里几乎没有什么居民。金波站在大门内的角落里，如果不是我们知道他在等人，还以为他是在躲人呢。他的神情比我们昨天见到他的时候还要憔悴。

金波一眼就瞅见了我们，走了过来，他仿佛不想在空旷的地方多待片刻，赶紧把我们拉进剧院，他的眼睛红红的，像是一宿没睡，他看着我们说："今天的新闻你们看了吧？"

我说："我在网上看到了。"

金波痛苦地捏着鼻梁说："我明明检查过了，那休息室里没有人，怎么会有照片和报道呢？我快要被逼疯了！到底要我怎么做啊……"

我想要安慰些什么，但是白翌拦住

我说:“先进去,其他的等会儿再说。”

金波神经质地看着周围,四周除了嘈杂的蝉鸣之外,什么声音都没有了,忽然从河岸的对面又闪过一次闪光灯,金波捂着脸转头,赶紧往回跑。我们跟着他来到了一个小型的舞台,这是一个屋顶改造的舞台,舞台前面只有三排观众座位,在舞台的中央有一个木箱子和一把椅子,外加一台老式打字机。黑色的幕布后面,好像还有什么东西,但是我看不清。

四周非常的暗,只有一束自然光从天窗那里打入舞台正中央。而舞台对面的窗帘把窗外的景色挡得严严实实,不见任何缝隙。这里不可能有人躲藏,但是那种被窥视的感觉却丝毫没有因为这样的环境而有所降低,反而总让我觉得无论哪里都有可能会出现那个古怪的闪光灯。

狭小的舞台走上去就会发出嘎嘎吱吱的声音,这个练习舞台非常老了,金波做事还算仔细,他一个晚上就把剧本都给我们准备好了,白翌不太情愿地拿过剧本翻着,金波开始翻弄着化妆箱,在这安静的舞台上翻弄出了不小的声音,但是相对于这些静止的道具来说,我们的动作仿佛都显得有些格格不入,好像在这幕布的后面还藏着另一双眼睛,动与静都显得分外显眼。

我作为唯一的闲散人员被遗忘在了边上,金波围着白翌转,讲述着这部话剧的大概情况,白翌的样子很僵硬,他不喜欢别人碰触他的身体,所以当金波为他披上一件黑色大衣的时候,他抵触地挡住衣服说:“非要穿这个?不是说只要我把这部戏给念下来就好了吗?”

金波连忙解释道:“是这样的,因为你演的是一名英国侦探,所以我们必须稍微修饰一下,这样你也可以更快地入戏。”

白翌拉长着脸,他看着那古怪的黑大衣和黑色礼帽,只能硬着头皮低头穿戴上。于是新一代的许文强就此诞生了……

我心里暗爽不止,心想终于让我抓到你的糗事了。我越想越搞笑,朝着台面上的白翌夸张地竖着大拇指,他的脸更加臭了。

不过渐渐地我觉得好像光线有些暗了,我抬头看着舞台左上方的天窗,一片乌云正好遮住了阳光。忽然,我发现天窗左上角上好像趴着一个人,他就像是壁虎似的趴在玻璃上,我靠,这样居然都不会掉下来?! 由于是背光，我只看到他黑色的轮廓，根本看不清长相。

就在我准备张嘴开始喊的那一瞬间，那只“巨大的壁虎”赫然消失不见了，难道滚下去了?

我吃惊地张着嘴看着天窗，此时金波突然从我身后出现，我被他吓了一跳，他看着我们说:“你们准备好了吗? 好了的话，我们就开始吧。”他的身上依然是那股难闻的潮湿的味道，这让我想到了日本神话中的河童，而河童在中国的另一个称呼是水鬼……

我回头看着舞台，空荡荡的舞台上只有我们三个人，但是先前那个趴在天窗上的人到底是谁? 此时的我总觉得有眼睛在窥视着我们，在那黑色的幕布后面，有人在阴森森地笑，还有那一闪即逝的闪光灯仿佛随时都会闪起……

金波坐在舞台最左边的角落里，这里可以观察到整个舞台，而他的身后没有任何的东西，他邀请我坐在他的身边，随后他颇有风度地做了一个请的手势，他好像没有注意到他的椅子上已经溢出了一摊水，我想要提醒他的时候，白翌干咳了一声开始念他的台词了。

“这里是沃尔夫庄园的荷塘，到了夏天，这里的河里开满了荷花和睡莲，芬芳、清香、安静……但是就在这样的地方，今天早上却发现了一具可怕的尸体……尸体已经严重腐烂了，但是古怪的是只有那一双眼睛却还没有烂……”

听着白翌朗读着那枯燥得犹如陈述验尸报告似的话剧对白，一开始我是差点要笑出来的，但是听着听着，我觉得无聊之极，呆坐在椅子上差不多要睡着了，可是就在这个时候，渐渐地，我仿佛被带入了故事中的那个场景：傍晚的夕阳、芬芳的睡莲以及……一具尸体，忽然，那具高度腐烂并且已经开始冒出泡泡的尸体朝我眨了一下眼睛，然后瞬间那眼睛变成了一盏闪光灯……

我一下子从这样古怪的想法中惊醒，台上的白翌还在念着枯燥的对白，忽然，我看见金波的身体抖了起来，我被他的举动吓了一跳，我顺着他的视线看过去，发现舞台上的白翌身后不知什么时候多了一双手，那双手非常惨白，手臂上都是密密麻麻的水泡，手里还端着一台老式的照相机，最恶心的是它还在不停地滴水，白翌的身边已经溢出了一摊水渍，这双手好像刚刚从阴沟里爬出来似的，四周弥漫着难闻的腥臭。

那双手缓缓地举起照相机，它开始不停地晃动，最后对准了金波，而白翌却依然毫无感觉，好像并没有感觉到身后的那个人，依然机械地念着对白。

此时身边的金波已经害怕得蜷缩起了身体，他的脸色越来越苍白了，他紧拉着我的手不放，我发现他的手上也出现了许多的水泡。他紧张地看着舞台，凑在我的耳旁，低声说道："他又来了……"

说完后，金波低声地和着白翌，念着跟他一样的台词，只是听他的声音简直就像是在念咒语。他好像强迫着自己只关注白翌的表演一样。我明白他这么做的意思，是不想再让那个怪手拍下他不正常的照片，免得他精神出问题的传言会更坐实了。

而台上的白翌，从一开始他就压根无法入戏，他念着念着整个头早已低了下去，所以他根本没注意到我们的表情。那双手迟迟没有按下快门，它仿佛在等待金波露出最失态的表情，以便及时抓拍照片。

此时的金波，似乎再也忍受不住那双手和那台照相机带给他的诡异压迫感，他忽然站了起来，恶狠狠地盯着白翌身后，伸出手准备要大声喊，就在这一瞬间，照相机的闪光灯亮了，而几乎与此同时手突然不见了，舞台上那些水也消失了！

我连忙喊道："老白，看你身后！"

白翌瞬间闪开了身子，但是他的身后什么都没有……

金波苍白着脸，不停地喘着粗气，他的后脖子都是汗水，他盯着舞台上的白翌，摇了摇头，失重般地坐回椅子，他扶着额头说："他又来了……每次都这样……这次新闻不知道又要说什么鬼东西了……"

白翌转身看着身后，但是幕布后面什么都没有，白翌重复了一句戏里的台词："有一双眼睛一直看着这座庄园，而所有人都无法捕捉那双眼睛。它是唯一一个能够看到真相的人……"

白翌缓缓地走向幕布，想要看看后面，但金波忽然大声地制止道："不要碰这些幕布，请您继续演下去！"

仿佛是回应着金波的话一样，幕布后面传来了急促的快门声，就像是照相机连拍一样，这刺耳的声音好像在对我们作着警告。

下一秒从那黑色的幕布后面滚出了

一样东西，我有些坐不住了，刚想要上台看看到底发生了什么事情，但是被金波一把拉住了，我感觉到他的手上的泡开始爆裂，发出了噼里啪啦的声音，他牢牢地抓着我，凑近我的耳边说道："别上去，上面有鬼……"

此时金波英俊的脸有些苍白得过了头，他侧着眼看着我说："必须让白先生继续演下去，否则它会察觉……"

白翌站在舞台上，那白色的光线打在他的脸上，致使他的脸色看起来也非常的苍白，他毫无表情地看着那个圆球滚到他的脚边，弯腰随手拿了起来，朝着我的方向说："是一卷胶卷。"

说完后，他把胶卷头朝我这边扔了过来，我接住胶卷后正要察看，金波已经迅速地抢了过去，他朝着光亮的地方拉开了胶卷，曝光了里面的内容，随后他颓废地坐回了椅上，声音有些变调地说："白先生，这卷胶卷也许是道具师没有拿走，请……请您不要介意，请继续演下去吧。"

白翌拿起了本子，但是没有继续念，他目不转睛地盯着我们。

金波不安地看着他，有气无力地说道："白先生，不要管那么多了，请您继续。"

白翌平淡地说："你是否该解释一下目前的状况，我觉得我们没有必要和你一起冒险。"

金波坐立不安地转过身对着我说："正如你看到的一样，我好像被一只鬼给缠住了，我得摆脱它，我问了一个法师，他说只要能够找一个和我很像的人在一起，那只鬼就无法分辨出哪个才是我，这样我就可以脱身了……白先生，我很需要您的帮助，但是请放心，这只鬼只会纠缠我……而且只报道我的隐私，因为我是个名人，受人关注，报道我它才会有成就感，而你们并不是名人，所以它不会对你们怎么样的！"

我有些恼火，说道："那不是拿我们两个当替死鬼吗？金波你太不厚道了，你至少得先告诉我们，你一开始说是心理疾病，现在又搞出一个法师。再下去是不是要出现哈利·波特了？还有那双拿着照相机的手是怎么回事？你手臂上的那些水泡又是怎么回事？"

金波一听"水泡"二字，不由自主地捂住了自己的手臂，他眼神恐惧地瞪着我，但是他依然不肯松口地说："不，可能是湿疹，我不是不相信你们，而是我怕你们不相信我。如果我说有鬼，你们肯帮我吗？请放心，这只鬼真的只会跟着我，所以我一定要抓住它。”

白翌冷冷地问道：“你想用什么办法抓住它？”

金波抿着嘴，他停顿了很久，最后痛苦地说：“通过演戏！那只鬼每次都会在我演戏的时候出现，我的隐私已经全部暴露在它的面前了……它就是想将我搞得身败名裂！”

我问道：“为什么？”

金波有些烦躁地挥着手说：“我不知道，也许是什么不干净的东西，但是这个方法真的可以把那只鬼给引出来！事后我会给你们报酬的。”

我不知道该说什么，但是觉得这事没必要再继续了，我朝白翌喊道：“老白，我们走吧。”

金波还想要阻止，不过我却觉得不想再管闲事了。白翌看着金波，两张酷似的脸上有着不同的表情，白翌盯着金波的眼睛说：“你瞒着我们什么？何必那么躲躲闪闪呢？你到底害怕我们知道什么？”

金波摆手道：“不，不是的……”

白翌拿着那份台词说：“和这个话剧的开始一样，我们现在被一个幽灵牵着鼻子走。”他摇了摇头，脱下了那件戏袍，挂在了椅子上，准备和我一起离开。

金波痛苦地说：“你们也看见了，那不是人力能够做到的，它一直缠着我不放。”说完他无力地捂着自己的脸，像是快要崩溃似的。

过了一会儿，他放下了手，抬头看着我们，继续说道：“所以我要抓住它，但是我现在还不行，每当我注意到它的时候，它就消失不见了，好像只要我大脑里一旦产生要抓它的念头，它就会消失不见，等我一旦松懈下来，它就又出来了，带着那该死的闪光灯！”说着说着，金波就蹲了下去，他无力地说完这一切，开始低声地呜咽，也许他的精神早就被这无声无息却又无处不在的窥视给折磨得不成样子了。

忽然金波像是触电似的站了起来，他拉住白翌的手，说：“它可以猜到我所有的想法！但是它猜不到你们的，猜不到白翌您的，只要您继续演下去，它就会混淆，那时候……”

他没有说下去，我和白翌看着周围，此时金波完全沉浸在自己的计划中，我脑袋有些发涨，金波不会真的是一个疯子吧，我开始相信那些网上的报道了。白翌抬头看了一眼天窗，然后说："你是在演完这一部戏之后才发现有人窥视你，还是在演出之前就发现了？你可曾经想过为什么会出现这只鬼吗？"

我敲了一下还在发愣的金波，他如梦初醒般地说："我没有太关注，好像应该是演完之后才出现的吧，毕竟这个世界上没有人能够窥测到我的隐私……"

说到这里的时候，他似乎意识到了什么突然住了嘴，白翌自然不大满意他的这个答案，他挑了一下眉毛说："那么今天就到这里吧，至于演不演我还得考虑一下，或许你可以考虑把所有的事情都告诉我们。"

"好吧，但是请您无论如何，都要继续演完，否则……"金波捂着下巴，无可奈何地说，"否则我就抓不到它了……"

白翌笑了笑说："这就不是我们能掌控的了。"说完，他就拉着我往外走。

金波没有再阻拦我们，他一个人呆坐在椅子上，自言自语："我会一直在这里等你们……你们会回来的。"

我回头看了他一眼，他仿佛注意到我在看他一样，朝我抬起了头，我不知道他哪里来的这份自信，不过总觉得这小子仿佛会读心术似的，他能猜到人内心的想法。

三

回到家里，白翌累得几乎连倒茶都不想倒，我见他这样只有牺牲一下，烧水泡茶，他疲劳地捂着额头说："这么晚了，叫外卖吧。"

我机械地拿起电话，大脑实在有些涨，觉得这事莫名其妙，这个金波与其说是害怕鬼，还不如说害怕被人窥视的感觉，他每时每刻都想要抓住那个藏在暗处的家伙。不过按照他的计划，只要演完这部戏，那只鬼迟早会被金波给抓住，但是我总觉得事情没那么简单。金波还藏着什么秘密。而那个剧本中出现的尸体仿佛和金波手上的水泡也有着某种关联。现在我们和剧本里的侦探一样，陷入了一个谜团，而那只鬼仿佛是我们手上唯一的指南针。

打完外卖的电话，我打开电脑，想摆脱这种抑郁的心情，但是不管我做什么，总是会不由自主地去想这件事，闭上眼睛就会感觉到后脑闪出一个闪光灯。

我转头对着闭目养神的白翌说:“我觉得这事咱们就到此为止吧，反正也不欠他什么，何必去冒险？如果真的有鬼我们不是自惹麻烦吗？”

白翌放下手中的茶杯，他交叉双手放在胸前，然后看着自己的照片说:“关于他说的鬼，我没什么概念，但是我只是发现这个人非常善于抓住细节。你没有发现吗？他可以通过我们的表情和举动，猜出我们的心理活动。真是一个非常厉害的家伙。”

我回想着一些细节，认同地道:“这倒是……”

白翌继续说:“这样的人，一般不会被人偷窥到什么，他对这一点本来是很有自信的，但是越自信的人越受不了打击，而他这种人最不能忍受的自然就是被窥视了。现在的他有太多的顾虑，仿佛不想让人知道自己的真实想法，所以沟通起来特别困难。此外，当时在舞台上只有我、你和金波，肯定没有第四个人，你说那双手到底是从何而来？那卷胶卷又是怎么回事？”

我补充道:“还有那个躲在天窗上的怪人……所以说这里面真的有鬼。金波到底瞒了我们什么？”

白翌重新端起茶，他摇了摇手指说:“台词里有那么一句话‘任何事情只要能够用逻辑去解释，就应该摒弃无缘无故的鬼魂作祟的可能’。我觉得说得很有道理，咱们是活在现实中，又不是生活在《聊斋》里。我觉得金波绝对不是偶尔才遇到这种事的，你以为人人都是你啊？”

我见他又这样，吐槽之心顿时被提了起来，正要发话，这时，突然门外传来一阵非常急促的敲门声。

白翌看着门说:“估计外卖送到了，媳妇帮我付下钱吧。”

我见他的确累了，也不和他闹了，竖了中指给他，然后去开门，结果人刚刚走到门前，大门就莫名地自动打开了，在我走到走廊的一瞬间，大门又自动关上了，走廊空荡荡的，什么都没有，忽然廊灯一闪，居然灭了，我站在黑糊糊的通道里，故作镇静地自言自语道:“搞什么鬼！”

就在我回头想敲门的时候，楼道另一边传来了一阵脚步声，声音很缓慢，我下意识地扭头看过去，但是过了很久，却只听到脚步声在响，不见人走过来。

我觉得心里有些发毛，好像什么东西跟着我们回来了。难道是那只鬼?！我

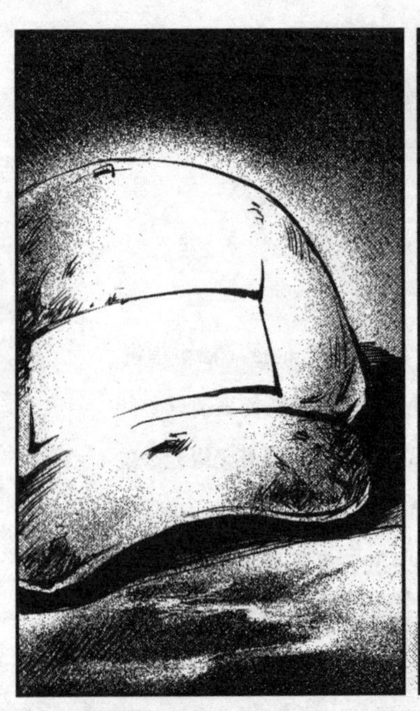

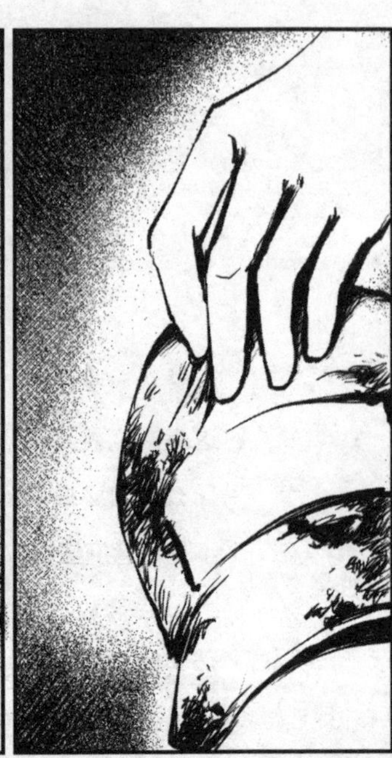

吓得打了一个寒战，突然脚底一软，像是踩到了什么东西，软绵绵的，我随手捡了起来，捏了捏，发现是一顶帽子，而且非常潮湿，好像被水泡过一样。

就在我捡起帽子的那一瞬间，那阵奇怪的脚步声突然消失了，我倒退了一步，忽然迎面闪来了一个亮光，几乎与此同时，我看到了一张满是水泡的脸，他死鱼般的眼睛死死地盯着我。

我的面前不知何时站了一个人，但他一点声息都没有，我在黑暗中凝视了他很久了，粗略可以看得出他的轮廓，这个人居然穿着一身白翌白天剧场上所穿的黑色礼服，身上散发着一股浓浓的腥臭味，让我不由自主地想到了话剧中那个池塘里发现的尸体……难道话剧中死者的亡灵跑出来了?

他挡着我的路，他的手上拿着一台老式的照相机，身材高大，估计有一米九左右，这样的身高穿成这样，实在让人有压迫感。我又倒退了一步，不敢贸然喊出声，那个怪人抬起照相机又想拍我，就在我准备用手挡的时候，通道的灯忽然亮了，而那个怪人顿时莫名其妙地消失了。

从楼上走下来一位邻居，他看我站在自己的门口，随口问了一声:“哟，忘记带钥匙了吗?”

我尴尬地笑着说:“不是，不是，刚刚出来办点事儿，不想风把门关上了，呵呵……”

我话刚说完，白翌就把门开了，他看着我手里的帽子，又看了看那个邻居，说道:“先进来。”

我关上大门说:“我看到那个拿照相机的男人了!”

白翌接过帽子，捏干了帽子里的水说:“看来，有人对我们产生忌惮了。”

我说:“是吗? 那么为什么他要给咱们这顶帽子啊? 难道这表示让我们不要再插手? 以示警告?”

白翌没有说话，摆弄着手里的帽子，他没有继续表达看法，而是拿出了一沓纸稿递给我说:“这就是剧本，你也看看。”

我接过打印纸，看着上面的故事，里面写的是在一个古老庄园内发生了一起医生被杀事件，而所有的矛头都指向了庄园主人马克·沃尔夫。但他否认杀死了医生，并且提出了很充分的不在场证明，他指出是他的妻子杀死了医生，因为他们是地下情人的关系。

但是侦探发现马克的妻子早在三年前就已经死了，和这个杰克医生一样，死于溺水，但是马克却说自己的妻子依然生活在这个庄园内，在侦查的过程中，侦探发现总是有一双眼睛注视着他，给他提供着线索，仿佛指引他找到那个凶手，同时侦探发现这些线索全都来自于那个已经死了三年的沃尔夫夫人。

白翌指着其中的一段台词说："你再看这段台词'你是如此的了解我，你的眼睛就像是我的眼睛，也许很快我就会知道事情的真相，但是你却不肯出现。难道你真的是一个幽灵？'你有没有发现这一段对话用在金波的身上其实很合适？"

我点头道："因为他也被一个看不见的鬼牵着鼻子走，他的一举一动都在那双眼睛的注视下，而目的是破案？"

白翌打了个响指，说："你果然变聪明了，没错，这个故事用简单的一句话概括就是鬼帮助人提供线索。但是问题是金波为什么演完之后，依然受到这只鬼的纠缠呢？"

我顺着白翌的想法看下去说："因为……因为他没有完成破案？故事还没有结束？"

白翌摇了摇头，但是也没否定我的话，他敲着桌子继续说："不过金波走了一步正确的棋，他找来我们，我们也真的打破了那只鬼的节奏，那只鬼的确开始混淆了，也许这就是金波要达到的效果，用我们来转移这只鬼的注意力。而那顶礼帽和怪人的出现就是最好的证明。"

我有些不痛快，我捂着脖子说："难道我们只是被利用混淆视线的棋子？你那么淡定，莫非你早就知道了？"

白翌挑着眉毛笑道："不，就像金波说的，我再像也不是他，当那只鬼发现我不是他的时候，会马上转移视线，金波就又会被纠缠了。"

我叹着气道："你就不怕那只鬼一恼火，直接把矛头对向你？"

白翌无所谓地笑道："我不怕鬼。"

我翻着白眼，骂了句："鸡同鸭讲……无法沟通。"

四

事情果然像白翌猜测的那样，金波依然没有逃脱，第二天金波再一次被新闻曝光，而这一次的内容非常劲爆，上面说金波曾经以别人的隐私来威胁同届的女演员和自己上床，这消息一出，几乎所有的网站新闻都跟踪报道，金波本人也作出了反应，说要控告诬陷他的人，可就在他在作这份声明的时候，他和女演员的照片出现在了网上，内容虽然和“艳照门”没法比，但是也算得上限制级了。

随后的几天金波没有和我们联系，也许他疲于奔波在各大媒体之中，至于那个怪人在那之后还真的没有再找过我们，就在我认为这件事和我们没有关系的时候，我接到了一个电话，打电话的人正是金波。

“喂，是安先生吗？”

我一听居然是他，也有些神经质地压低声音说：“是我，怎么又是你？”

他在电话那头沉默了片刻后说：“我知道这只鬼魂是怎么回事了，我需要你和白翌的帮忙。”

我真的觉得这事不该插手，但是还是忍不住问道：“怎么帮？”

“我希望白翌能继续把这出戏给演下去。这一次算我求你们了。”

我有些哭笑不得，我说：“你怎么就那么肯定会有效果呢？”

对方喘着气说：“一定有效果，请相信我。”

我不耐烦地说：“但是你不相信我们啊。”

金波没有回答，他最后重复道：“请一定要来啊，今天晚上十二点，我在剧院等你们，也许那个时候，你就会知道这一切的真相……”说完电话就被挂断了。

我朝着在边上一直听着我们通话的白翌看了一眼，他看着钟表说：“时间还早，可以作一些准备。”

我皱着眉头说：“你真的要去？”

白翌说：“你可以不去。”

我一脸被打败的表情说：“好吧，那就一起去吧。”

再一次来到这个位于苏州河边上的剧院时，已经是晚上十一点半了，这里本来就不是什么闹市区，除了零星的一些灯光，剩下的全都是漆黑，仔细地闻闻还能闻到河水的腥味。想到腥臭，我不由得想起了那个站在楼道门口的黑衣人，又想到了话剧里那具腐烂的尸体。就在我胡思乱想的时候，白翌拍着我的后背说：“发什么愣，走吧。”

白翌和我走进了剧院，里面黑漆漆的，我们凭着记忆，摸索着往练习舞台那边走去，一路上居然一个人也没有遇到，金波也不在。

我们来到了练习舞台，这里也是漆黑一片，只有一束清冷的月光从天窗打在舞台的中央，舞台上的椅子和打字机被遮上了一块白布。场地很干净，似乎被人打扫过了。白翌拍了拍我的肩膀，示意我和他到台上去看看。

木质的地板依然发出难听的嘎吱声，白翌悄悄地对我说:“来，我们看看这幕布后面到底有什么东西。”

我点了点头，白翌慢慢地掀开幕布，就在这时突然一只手抓住了白翌，原来金波不知什么时候出现在了我们的身后，清冷的月光打在他的脸上，致使他的脸色更苍白了，我发现他的脸上也开始冒出了一些水泡，像是疹子，他微微泛青的脸上露着微笑，他看着我们说:“白先生，你们终于来了。”

白翌把礼帽递给他说:“这个是那拿着照相机的怪人留在我们大门口的……”

金波皱着眉头，他害怕地四处查看。“不……他……”说到这里，他一顿，然后调整了语气，转换了话题，继续:“算了，既然来了，那么我们就把最后的一幕给结束掉吧。今晚就把一切都结束了。”

这次换我皱眉了，我疑惑地看着他说:“你已经有把握抓住那个纠缠你的家伙了?”

金波认真地点着头说:“没错，这一次一定会成功。”

金波拿出两件黑色大衣和礼帽，他自己穿上后又让白翌也穿上，他们俩本来就相像，现在又穿着同样的服饰，而且还在这么暗的环境下，说真的，连我都很难分辨出哪个是白翌，哪个是金波。

金波压低了帽檐说:“白先生，我陪着您同时把最后的那段给演完吧，安先生，你一旦发现我们中哪个身后出现了那个黑影，请立刻举手!”

我点了点头，看着他们两个开始转圈，转了几圈后，两人分别站在椅子的左右两边。话剧的最后一幕开始上演了……

他们同时念道:“沃尔夫先生，不要再狡辩了，是你杀死了杰克医生和你的妻子。你说是你的妻子干的，但你的妻子早已经死了……虽然我也感觉到她就在我们的身边，她一直都在看着我们，但是你是唯一一个说她还活着的人，因为只有你才能看得到她。对了，你说过她这三年以来从来没有走出过这栋房子，而且她不愿意见任何人，除了你和杰克医生以外。也就是说如果除去我这个外人，只有你和杰克医生才能看得到沃尔夫夫人。另外她了解你，就像了解自己一样，所以在你杀了杰克医生的时候，你隐瞒了所有的人，却唯独有一个人无法隐瞒，那就是你的妻子，她已经死了，死了三年，也是被你杀死的，但是她却没有离开你，她回来继续和你生活，她一直都在黑暗中注视着你，她想要保护杰克医生，而你却不知道她已经死了。你一直以为杀死杰克医生事情就会结束，但是你忘记了你的妻子还在你身边，她知道你的一举一动，所以……你抓不住她，现在，她就在我们的身边，你看！她就在那里！”

就在这句台词结束的那一瞬间，闪光灯忽然在他们的身边不停地闪着，那耀眼的光芒几乎让我睁不开眼睛，正如金波所料的那样，鬼找不到哪个才是真的金波。

这时，我看到两人中间的那把椅子上的白色套子忽然凸了起来，形成了一个人形，白色的罩子不停地扭曲着，坐在他们两个人的当中，那个人形一直都在扭动着，仿佛在挣扎什么。

我指着他们中间高喊：“它在你们的中间！”

金波闻言，顿时飞快地冲到幕布前把那块黑色的幕布全部掀开，露出了一面巨大的镜子，在镜子里我看到了在两个黑衣人的中间，坐着另外一个黑衣人，但他没有脸，不，应该说他没有五官。他回头看着镜子，痛苦地扭曲了起来。

金波看着镜子露出了疯狂的笑容，他说：“抓住你了，抓住你了！哈哈哈，我终于抓住你了！”

没有五官的人，忽然大声嘶吼起来，他痛苦地捂着脸，他的手上都是水泡，身体不停地往外溢水……白翌走到我的身边，跟我说：“这个就是一直纠缠金波的家伙，长得很有创意吧。”

金波朝着镜子喊道：“消失吧！我抓住你了！我再也不怕你了！”

我忽然有些明白这到底是什么东西了，我喃喃道：“这是……这不是灵降术吗？”

白翌点头道：“没错，金波不知道做了什么让人怨恨的事情，居然被下了降头术中最可怕的灵降术，但这术法有一个致命弱点，就是只要抓住降灵，这诅咒就算破了，而镜子有反射的作用，估计是哪个法师教的，所以金波捡回了一条命。”

我看着白翌说：“你早就知道？”

白翌摇头道：“不，我一开始也是猜测的，我第一次来舞台的时候，曾偷偷地摸过那幕布，我感觉后面是块很平整的东西，所以我猜可能是镜子，镜子在这里只能是作反射之用，除此之外，没其他用途。而金波不让我们知道幕布后面的镜子，是因为他对我们不信任，他害怕我们知道得太多，从而影响了他的计划，他这样的人是不会相信别人的，所以也是最害怕被人看穿自己。”

金波现在根本没理会我们，他看着镜子中的那个怪人，高兴得手舞足蹈，笑得直不起腰，那个无脸的怪人疯狂地怒吼着，突然嘴里不停地吐出了许多黑色的浓浆，随后整个人开始融化，金波见状更是手舞足蹈地吼道：“死吧，死吧！”

怪人迅速地融化着，一眨眼的工夫，就只剩下一块肉在不停地蠕动，白翌走到椅子边上，拉开白色的遮罩，在椅子的上面放着一个录音机。

金波恐惧地看着录音机，但是就在他反应过来的那一刹那，录音机自动播放了——里面出现了连续的快门声音和男人的笑声。

金波想要冲过去抢收音机，但被白翌阻止了，他说：“你没看见那抖动的肉块吗？必须放完，否则那块降灵不会消失的，那个怪人还会重生！”

金波低语道：“不，不能放……不……”

而此时录音机出现了两个男人说话的声音——

“怎么样，金波先生，你这些事情如果被透露出去对你可真的很不利啊。”

“过去我们不是一直合作得很愉快嘛，我给你提供那些女人的隐私，你帮我做事，我们简直是最佳拍档。”

“没错，我们是一直都合作得很愉快，但是我不想再干了，这事除了你一个人得到了好处，我也就那么点钱，不过……不过如果我把你这些事情曝光呢？我是不是可以拿更多的好处？”

“这对你有什么好处，你也会坐牢的！”

“你以为我会那么笨得把自己给暴露了吗？”

“你想要钱吗？”

“可以那么说，不过我觉得我们还可以深入地再探讨一下。”

“和你这个三流记者？”

“哈哈哈，我觉得你最好不要惹怒我，否则你都不知道明天报纸会报道什么？”

“那……那也要你能活到明天！”

话音刚落，我就听到了沉闷的敲打声，随后是滴答的声音以及金波粗重的呼吸声。我汗毛竖立地听着这段对话，此时金波惨白的脸上泛着青光。录音机没有停下，里面还有许多不堪入耳的录音，都是偷偷录下的私密对话，没想到这个儒雅的男人居然是一个偷窥狂，他不但喜欢打听别人不堪回首的过去和隐私，更加喜欢要挟别人。看来前几天那个劲爆的报道是真的……

金波开始疯狂地大笑，笑得让人毛骨悚然。当录音机里的声音完全播完后，那个肉块随即消失了。

白翌靠近我说：“小心，这家伙不正常了。”

金波笑完之后，他疯狂地冲到录音机边上，开始狂踩录音机，直到录音机被踩成了碎块，他又开始笑，笑了好一阵子后，他吸了一口气，马上又恢复了平常恬静儒雅的表情，他抬头看着我们，他说：“两位都听到了？”

我们没有回答他，他一脸委屈地说：“不要说出去好吗？其实我们根本没有关系。你们说出去也没有证据，我可以告你们诽谤罪。”

此时，我觉得他根本不像白翌，他整张脸都是假的，在光耀、斯文的面具下，是那么的龌龊、不堪。

白翌说：“只要你过得了自己这一关。”

金波走了过来，我拉着白翌往后退，我不相信这个伪君子，怕他会对我们不利。好在他什么也没做，只是淡淡地说：“我是一个演员，我需要的只是扮演角色，无论是戏里还是生活。自我算不了什么，但是我很喜欢看到别人真实地暴露在我的面前，呵呵，这样的感觉很痛快！也很好用！但是那个记者居然想利用这个要挟我……”

白翌说：“你害怕你的阴暗会被曝光，所以……”

金波看着录音机的碎片，他笑着说：“这是一部侦探剧，鬼魂帮助侦探最后找到了凶手，但是鬼魂的证词不能起作用的，作者使用了另一个手法，也就是第三人在场的手法才使得凶手落网，但是现在，你们没有证人，也没有证据，凶手将会被无罪释放。呵呵，剧本和现实重叠了，但是结果却不一样，这是不是很有意思？”说着，他捡起了地上的礼帽，给我们做了一个谢幕的动作，之后就离开了舞台。

我看着镜子里的我和白翌，金波说得没错，这里除了我们两个之外，没其他人，而唯一的录音机也被踩得粉碎，我们没有证据。白翌脱掉黑大衣，对我说：“走吧。”

我不甘心，咬着牙问道：“就那么结束了？”

白翌看着镜子中的自己说：“不，没有结束。”

我问道：“什么意思？”

白翌最后看了一眼四周说：“我说了，他过不了自己这一关。”

第二天，我们收到了一封信，里面是一张空白支票，除此之外，什么都没有写，白翌藐视地看着那封信说：“做事真是滴水不漏啊。”

我冷笑着瞥了一眼，说：“我们真的就不能揭发他？把这个交给警察总能查出什么吧。”

白翌说：“我们没有证据，不过……

白翌把支票连着信封一起扔进烟灰缸，随后点燃信封说：“不过还有一双眼睛一直都在看着！”

我疑惑地问道：“怎么回事？”

白翌抬头看着我，火光把他的眼睛照得非常亮，他微笑地道：“因为趴在天窗上的那个人一直都没有消失，他一直都在看着我们的表演，他不是灵降术制造出来的幽灵。”

我吃惊地问道：“那你为什么不说？”

白翌歪着脑袋说：“呵呵，像金波这样的人，最无法忍受的就是每时每刻的监视，他只有不停地伪装才能继续生活，而这样的生活最后会碾碎他的神经。你还记得你说过那个在天窗出现的人吗？他也出现了，而且还被我看到了他的长相。”

我没有插话，白翌看着我的眼睛说：“是金波。”

我有些明白白翌的话，于是便也不再问什么，最后白翌说了一句：“反正到最后，他都会曝光的，有些事是注定的。”

不知道这话是白翌的预言，还是他

的诅咒，反正就是灵验了。果不其然，在这事过去的一个礼拜之后，报纸上就报道了青年话剧演员金波因谋杀罪入狱，在苏州河的下游找到了一具高度腐烂的男尸，奇怪的是男尸全身都高度腐烂，唯独那双眼睛却没有烂。而在他的项链上找到了一部微型照相机，里面有大量金波在杀人时连拍的照片。此外还有控告他敲诈勒索的案件，被害人加起来居然有七个，真不知道这是金波的能力卓越，还是这些女明星真的有那么多把柄被抓。总之这个伪君子终于可以不用再那么辛苦地伪装自己了，他在大牢里面可以当一个真正的自己。虽然时间可能不多了，也许那个一直窥视着他的幽灵可能在最后这段时间里，会进一步与金波进行最后的交流。

就在我以为尘埃已定，这件事彻底结束的时候，我接到了一个电话，是从监狱里打来的，电话那头又传来那个令人讨厌而虚伪的声音，不过这次他好像真的被吓到了。

他说:“安先生，请……请你帮我求求白先生，我发现还有一个人在窥视我！对！还有一个……”

我挂断了电话，白翌问我怎么了，我笑着说:“没什么，哥们以后去买彩票吧，我发现你说话挺准的！” 悬疑志

异现场调查科

Lie Sha

猎杀

文 / 君天　图 / 苍狼野兽

非常规犯罪行为，非常规罪犯，非常规事件，三者有其一，则称之为“异事件”现场。

1981年，为了整合世界各地的力量共同对付愈演愈烈的异能者犯罪，国际刑警组织在伦敦成立了一个叫“异现场调查科”的特殊机构。英文名称为Especial Criminal Investigative Service，缩写为“ECIS”。

1993年，异现场调查科独立出国际刑警组织，1996年成立了香港ECIS分部，筹建人为诸葛羽和铁南，工作重心则逐渐东移至亚洲。

引子

人类历史上最古老的职业是什么？军人？教师？医生？占卜师？都不对，最古老的职业是猎人和妓女。更确定地说，猎杀和卖淫两者选其一，则猎杀最为古老。但叫人遗憾的是，猎人这个曾经充满荣耀的职业，如今却变得濒危，而卖淫则依然在这个世界上大行其道。

人类进入地球村时代，世界上未曾开辟的土地越来越少，直接导致森林和荒原里的野生动物急剧减少，迫使以打猎为生的猎人，也变成了稀有职业。但这个世上的事情就是如此难以捉摸，随着猎杀动物的猎人变少，屠杀同类的家伙却越来越多。于是随之又诞生了两种职业，一个是“杀手”，经过电视电影的渲染，这个血淋淋的职业哪怕是小学生都不会陌生，但并没多少人能真正了解这些家伙的变态心理；另一个则是“警察”，一个同样让人捉摸不透，充满荣耀，却又带着忧伤的职业。

杀手和警察，看似完全对立的两种职业，却有一个共同点，那就是他们都是以“捕猎”同类为生。这在地球万千生物中亦是颇为稀少，对于一直标榜自己是文明巅峰的人类而言，这又是何其讽刺？

有些“道学家”以没人有资格决定他人生死为由，呼吁废除“死刑”。若要这么说来，天生万物皆为平等，那谁又为其他物种维护它们的权利？

实际上，如果你相信这个世界上有善良存在，那么相对而言，世上就一定会有邪恶。你如果相信有上帝，那么就要相信有恶魔，所谓阴阳两极，正邪两面，合在一起才是可怕的真实。

杀戮本身并不是邪恶，邪恶的往往是杀戮的原因。

开始

雷梦羽从别墅出来，顺着大屿山的环山小路一路小跑，他的节奏并不快，只是为了让身体放松下来，可以考虑这两日的行程。他跑到山弯处的时候，忽然心生警觉，目光不由得扫视着边上黑暗的树丛，没有发现什么，于是他继续向前走。作为西伯利亚格斗老营代表团的领队，继昨日在大阪和日本静龙社面谈后，今天他要和香港和兴社的人做格斗交流，明天又要马不停蹄地赶赴上海梦想馆，这样整个东亚之行才算完成，接下来就是一个月后的东亚格斗大赛。

他一面盘算着，一面加快脚步开始赶路。清晨的山路相当宁静，但昏暗的光线不知为何总让他觉得有些不安，绕过一片树林就是回别墅的大路了。

忽然前方道路中央，出现了一个穿黑色衣服的男子，那人头发修剪得很干净，皮肤有些苍白，眼眸黑得有些诡异，只是站在那里就给人一种强烈的压迫感。

雷梦羽见了此人，愣了一下，拳头紧了紧，诧异道："麦卡尼特？你不是被关在北海道吗？"

叫做麦卡尼特的男子微微一侧头，对他微笑道："那个监狱叫锁龙，我又不是龙，哪里关得住我，对吧？雷先生。"他从裤兜里拿出一枚银币，抛上半空接住，在雷梦羽面前晃了晃，道："字还是头？猜对了，今天我就不杀你。"

雷梦羽冷笑道："你以为你能杀得了我？难道你忘了两年前是我把你关进监狱里的？！"

"是吧，你还真是这么想啊。"银币在麦卡尼特指尖转动，他大笑着仰起头道，"字还是头？选一下，选错了，我会给你时间祈祷的。"

雷梦羽面色沉下，他不再说话，晨风吹在他身上形成了一个回旋的气流，路边的树林发出了哗哗的响声。

麦卡尼特沉默地看了对方一分钟："真是无趣，难怪这几年你在'天下武神榜'上的排名跌出了三十名外。"他耸了耸肩，忽然移到了雷梦羽的左侧。

雷梦羽毫不动容，半转身甩出了一个规整的侧踢，放眼整个东亚绝没有人比他踢得更迅速，更具有爆发力。

麦卡尼特手指扫过对方的右腿，忽然回到了原本站着的地方。雷梦羽的小腿上迅速结出一层薄冰，冰层蔓延到了脚上。但他大喝一声，仿若一声惊雷，整个人旋动而起，右腿一瞬间变大数倍。隔着五六步的距离，一步就站在了麦卡尼特面前，腿由上至下劈向对方脑袋。

麦卡尼特目不转睛地看着对方，左手凌空一扬，雷梦羽顿觉身上一凉，但依旧全力踢在对方肩头。两人交错而过，麦卡尼特右手中的银币消失不见了，雷梦羽身上出现了数道血痕，然后整个人突然四分五裂地碎开了。

“那个东西真的是不存在吗……”站在血水中，麦卡尼特苦着脸看着地上四分五裂的尸体，似乎在一块块地研究着对方的身体。他在尸体周围转了两圈，用手指蘸着地上的血迹，写了一个大写的“M”。

一

北海道第四监狱，又名“锁龙”，白色的监狱院墙从空中望去好像一条白龙，因为整个监狱建立在一片蜿蜒的丘陵中，取的是“龙游浅滩”之意。

诸葛羽看着搭起铁丝网的围墙，又想起了自己在奥隆戈那些暗无天日的日子。他身边那戴着无框眼镜的短发女子，名叫艾米·张，中文名字是张米瑶，英籍华人，相貌还算是清秀，书卷气十足。铁南在香港和警方交涉ECIS香港分部落户的事情，原本该来“锁龙”会合的，却在上飞机前接到案发的简报，说凶手可能就是他们追查的越狱事件的主角麦卡尼特，所以就近赶往了案发现场。

“进去之后，不要和罪犯有目光接触，在牢房里待久的人，看到女的都会不安分。”诸葛羽望着远处慢慢走来的看守队长，对艾米叮嘱道。

艾米点了点头，低声道:“你坚持来这里看看的原因是觉得这里有内应?”

“不，我并不先入为主地怀疑什么，而是在想既然他在这里待了两年，自然会留下点供我们调查的线索。”诸葛羽道。

看守队长来到两人近前，同他们握手，然后带着他们朝里走:“麦卡尼特是两天前越狱的，当时有美国生化危机中心的代表团前来参观。整个监狱警力不够……晚上点名的时候他还在，第二天早上点名的时候，他就不见了。附近方圆一百里内都没有人烟，没有水和干粮，基本上是寸步难行，所以我有充分的理由相信，他是尾随代表团离开这里的。这家伙最近两年的表现一直都很安分，希望他不要马上伤人才好。其实我们这里这几年一直很太平……"

诸葛羽打断他道："抱歉，我们今早接到了简报，他在香港杀了人。"

看守队长尴尬地愣了一下，一声不吭地带着他们走入牢房区。艾米小心地扫视着四周，她只是ECIS的文职人员，通常不出外勤。只因为铁南临时不在，才让她跟着诸葛羽到这里。原因是，上层认为诸葛羽一年前才离开奥隆戈监狱，让他重新回到这样的环境，需要有人在旁协助。

四周不时传来嬉笑诡异的叫声，她默默地跟在诸葛羽的身后，仿佛只有这样才能让她感到平静一些。她听说诸葛羽之所以会坐牢，是为了救吸血鬼爱人独闯梵蒂冈大牢……这到底是个怎么样的男人呢？另外她也知道，尽管ECIS高层为了诸葛羽能否被释放有过激烈讨论，但作为ECIS里明星级别的探员，诸葛羽还是在部分高层的坚持下被释放了。这次行动也是对她自己的一次评估，如果有所表现，她就能顺理成章地加入ECIS香港分部。

简单和监狱方交涉后，诸葛羽把艾米留在接待室处理书面资料，并且安排与铁南的电话会议。他独自前往麦卡尼特的单人囚室。根据他的经验，作为亚洲前三的异能者监狱，这里的犯人主要通过放射手铐和药物注射来监管。诸葛羽看着走过身边的那些戴着手铐脚镣的犯人，总觉得手腕上一阵冰凉，监狱不是一个好地方，坏人不可能因为在此的经历变成好人，正常人在这里则很容易变成疯子。

麦卡尼特，日裔爱尔兰人。绰号"武神猎人"，是专门猎杀"天下武神榜"上名人的连环杀手。据说他每次杀人后，都会在杀人现场留下一个血写的"M"。还会打电话给《天下武神周刊》，告诉他们杀人的地点和时间。在1993年，他杀了榜单上的六个人，排名一路前进到第三十位。能上"天下武神榜"的都不是普通人，加上麦卡尼特引人注目的个人风格，即便那时整个异能世界因为ECIS退出国际刑警吸引了所有人的关注，他仍旧是头版人物。

诸葛羽还记得铁南描述的抓捕过程，三年前由于异能大战爆发，“天下武神榜”一下子变化很大。麦卡尼特的几个潜在目标忽然都消失了，导致这个杀手也陷入了混乱。作为连环杀手必须做到情绪的释放，他饥不择食地找了当时排名第十二的西伯利亚老营训练导师雷梦羽。理由外人无法了解，也许是雷梦羽正好出现在泰国吧，麦卡尼特当时就在曼谷。他在袭击雷梦羽的时候，被铁南和舒兰特一起围捕抓获。

而今早麦卡尼特第一时间打电话给《天下武神周刊》报案，说三年前未破之案终于有了结果，随后香港警方就发现了雷梦羽的尸体。

麦卡尼特的单人囚室很干净，诸葛羽坐在狭小的单人床上，想象着对方眼望栏栅外的景象。他站起身打量着墙壁，又看了看小书桌。书桌上摞着一沓很厚的文稿，诸葛羽顺手一翻，发现赫然是手抄的《圣经》。而边上的小书架上放着很多医疗和机械方面的著作，相较而言，锁龙的囚禁环境比奥隆戈要宽松得多。这家伙两年前在雷梦羽身上失手，越狱后继续之前的行动，这无可厚非。但是什么触发了他的越狱？为何是这个时候？

诸葛羽站起身，走到洗漱池边，手指在水管上轻轻地敲了几下。过了大约三分钟，水管的某一段有类似的敲击响起。诸葛羽又敲击了几下，两三个来回后，没有再得到答复，他沉默着走出了囚室。

在外等候的看守队长吃惊道:“你懂他们的秘密语言？”

“略有研究。”诸葛羽看了他一眼，低声问道，“最近三个月里，有没有犯人意外死亡？”异能监狱中有种隐秘的通信手法，世界通用，但只有资深囚徒才会，通常是牢房里的各个大佬相互交流时候用的，即便是资深牢头也很少有掌握的。但诸葛羽在奥隆戈做囚徒的时候，对此有比较好的掌握。

“有两个人。”看守队长回答。

“我要死者的资料。”

诸葛羽回到接待室，艾米已经准备好了与香港的电话会议。

“老大，有发现吗？”香港那头铁南

问道，他作为诸葛羽的搭档，目前肩负着联络官和外勤探员的双重责任。

诸葛羽却并不着急回答，他把艾米整理好的资料在桌上排开放好。麦卡尼特出生于夏威夷，父亲早亡，跟随改嫁的母亲去了爱尔兰。但没多久，继父留下了两处房产和一个小店也死了。四年以后，母亲在旅途中遇到了一个新加坡人，于是又嫁了一次。这一次婚姻持续了很长一段时间，但麦卡尼特主要在爱尔兰长大，然后去了美国读大学。

在入狱前，麦卡尼特名下经过确认的是杀了六个人，这六个人的资料也一字排开放在麦卡尼特那张惨白面孔照片的下面。

“阿铁，1994 年，你和舒兰特围捕麦卡尼特时，对他有多了解？他之前杀的那些人的共同点是什么？”诸葛羽对着话筒问道。

铁南道：“那时候我们异现场调查科已经宣布退出国际刑警，大概是退出国际刑警后的三个月，我们 ECIS 的人除了监狱的看守外，其他人都全员休假了，当时案子很多，焦头烂额的国际刑警迫不得已只好前来求助我们。上面的高层觉得可以尝试缓和我们和国际刑警的关系，于是我和舒兰特开始研究麦卡尼特。麦卡尼特是日裔爱尔兰人，其实就是一个游民，他当时在‘天下武神榜’排名第三十，我们预计他将要杀的人在前三十位，但不会涉及前十名的人。而那时候在亚洲有一个格斗盛会，排名第二十九到第十一位的高手中有大约五人会出现在曼谷。当时还得到消息，麦卡尼特的母亲就住在新加坡，所以我和舒兰特就到了东南亚。麦卡尼特杀死的六个人全都是异能者，但雷梦羽不是。除了这一点，我实在想不出这些死者的共同点。”（注：威廉·舒兰特，是后来的 ECIS 三巨头之一，在当时还是外勤探员）

这时看守队长把近三个月内两个死者的资料放在了诸葛羽手边。诸葛羽扫了一眼，两人中一个是异能者，之前一直在监狱里的医院接受治疗，理论上麦卡尼特是接触不到的；另一个是监狱门诊的医师，六十多岁，属于退休留用。

“两年前，麦卡尼特和雷梦羽交锋过，当时是怎么一个情况？”诸葛羽问。

“雷梦羽可以压制麦卡尼特，麦卡尼特发现被我们包围后试图突围，最后被舒兰特拿下。我们没有对外披露的是，所有死者的头盖骨都被取走了。因为这些没有找到，我们无法对麦卡尼特执行死刑，又因为他是日裔，被抓的地方又是在亚洲，所以最终国际刑警把他关在了北海道的锁龙。”铁南停顿了下，问道，“你在锁龙有什么发现？”

“察看了他的囚室后，我觉得这里完全关不住他，他的这次越狱只是个人行为，并没有其他人帮助他。”诸葛羽道，“这样一来，我们当前最要紧的不是分析他怎么逃出去的，而是要想到他接下来可能去哪里。”

“要我说，铁南，既然你是当年的抓捕者之一，那么下一个目标可能是你。”艾米忽然插嘴道。

“有道理，他杀雷梦羽更多的原因也是报复当年吧。”诸葛羽笑了笑，“果然女人的报复心，比较适合模拟杀手的心理。”

“这算什么话！”艾米嗔道，“他既然杀了雷梦羽，那只有知道铁南在香港，就一定会有所行动的。”

“但从他杀人的固定模式看，他只杀在排行榜上的人，我又不在榜上，所以应该没事。”铁南笑道，“再说我人在铜锣湾警署，他总不可能冲到警察局里来杀我吧。”

诸葛羽却没有他那么乐观，扭头对艾米说：“我们在这的工作还没有结束，但我不放心铁南一个人在香港。你留下来对这两个死者进行深入调查。我能告诉你的是，麦卡尼特在最近三个月，每个月去两次门诊，这里的监狱门诊会挖掘出他最近的动向。”

诸葛羽又对电话最后说了句：“铁南你研究下验尸报告，别纠结于他杀人模式问题，那家伙杀的六个人都是异能者，而据我所知雷梦羽是格斗家，并不是异能者。模式那种东西，是会变化的。另外恕我直言，你们都被《天下武神周刊》的报道误导了视线，他未必只杀武神榜上的人，我看资料上显示他杀第一个人的时候，手法就很干练，绝对不是新手。你扩大一下搜索范围，看看他还有没有杀过其他人。”

电话会议结束，铁南想着诸葛羽的最后那句话，难道两年前他分析的麦卡尼特只是对方制造的假象？他挠了挠头，走出房间。外面有两个人在等着，三十多岁的男人是和兴社的苏耀，另一个十七八岁的青年是雷梦羽的弟子杜青锋。

“非常感谢二位前来，这次主要是例行公事的询问。”铁南拿出本子和笔，“首先我想问一下苏先生，这次雷梦羽前来香港，据说是亚洲格斗协会安排的，总共三站，香港是第二站。而现在根据对案发现场的勘察，我们有理由相信凶手是臭名昭著的麦卡尼特。但麦卡尼特两天前还在日本监狱里，他怎么会对雷梦羽的行程那么了解呢？我想知道这次活动主要是由谁来安排的。”

苏耀道：“日本活动是静龙社安排，香港活动是我们和兴社，主要是我来负责。但是我们的活动时间是最短的，只有今天一天，原则上他应该是今晚就要飞往上海。上海是东天的西门游云负责接待。”

杜青锋道：“这一点，西门大叔已经把行程表给了我，行程表我们参与的人员都能拿到，不是秘密。”他把一页行程表交给铁南。

“我记得你，两年前你已经是雷先生的弟子。”铁南点头道。

“是的，我们上海这边过去的，大多数都是雷老师的门下。”杜青锋点头回答。

铁南问道：“其实二位都已经认识雷先生好几年了。恕我直言，我看了现场后，觉得雷先生没有对敌人构成威胁，但在两年前，他是能压制对手的。”

“这个……”苏耀犹豫了一下，回答道，“他这次来香港，我没看出有什么不同。但鉴于雷先生已经六十出头，这个年纪一年老过一年，他两年前就有退休的意愿了，他的状态有所下降也是正常的，更何况他作为领队又不需要动手。尽管他仍然在‘天下武神榜’上有排名，但我们请他来主要是做评委的。”

杜青锋则摇头道：“不，我跟了老师五年，没觉得他最近身体有什么问题。但两年前，他曾经和我提过麦卡尼特这个人，他觉得对方不是普通的异能者。他觉得对方很神秘，而且很怪异。”

铁南苦笑了一下，神秘怪异，他们何尝不是这么觉得？他继续往下说，“说到‘天下武神榜’上的排名，麦卡尼特又被称为‘武神猎人’，他杀的都是《天下武神周刊》上排名前五十的人。目前排名前五十的人中还有在香港的吗？苏先生这方面你比较熟悉。”

苏耀皱眉道：“我们和兴社的阿南排在第五十一，东升的阿利排在第四十二，名次经常浮动。我记得《天下武神周刊》上报道过这个‘武神猎人’，他应该只对前五十名的人感兴趣，理论上我们的阿南应该是安全的。”

“具体名字是？”

“林笑南，阿利好像是叫程利。”苏耀拍了拍脑袋，“对了，这两天唐先生会在香港，确切地说原本是昨天的飞机，改到了今天。”

“唐先生，难道是？”铁南皱眉道。

“当前‘天下武神榜’排名第十一的唐师道，四川唐门的掌门。”苏耀笑道，“他也是来做嘉宾的。我们的活动安排在今天晚上六点，主要是西伯利亚老营的人员和我们本地的格斗家的交流。有酒席，欢迎铁南先生到时候来看看。”

在唐师道的名字下面画了条线后，铁南合上记事本道：“我一定准时到场。”

送苏耀和杜青锋离开警署后，铁南经过警署大门与一名穿着制服、戴墨镜的警察擦肩而过，在与这个人擦身之际，他心中突然莫名其妙涌上了一种很不好的感觉，他下意识地转过身，想要看清楚对方，结果那个人不见了。铁南的冷汗刷的一下冒了出来，方才那人的眼神……他跑出大门，外面大路上空空荡荡的。

铁南狐疑地前往警署机房，他在那里布置了一个可以和总部E神数据库连接的网络。他一面走，一面回忆着两年前对麦卡尼特的抓捕过程。那时候ECIS刚退出国际刑警组织，却是“武神猎人”闹得最欢的时候。那家伙杀了《天下武神周刊》排名前五十高手里的六个人，每次杀的人排名都更靠前，杀到第六人时麦卡尼特已排名第三十。

当时排名第二十九的是诺拉家的军师“通灵王”杨梦，排名第二十的是中国人唐师道。所以大家都在猜测他接下来是去杀第二十九的杨梦，还是直接跳过十个排名杀唐师道，以求进入前二十。但伦敦大战一爆发，查理·诺兰战死，杨梦跟着也失踪了。各地连锁反应，世界一片混乱，在上海西门游云的保护下，唐师道一直在梦想馆闭关。在沉寂了四个月后，麦卡尼特前往泰国猎杀当时排名第十二的雷梦羽，失手被捕。但如果说雷梦羽的身手并没有退化，两年前的那次抓捕就显得很蹊跷。

铁南在电脑前敲入了“麦卡尼特”的名字，在他名下的六个死者的资料一个个出现在屏幕上。诸葛羽说麦卡尼特可能有过其他案子，但这怎么查呢？国际刑警曾经怀疑麦卡尼特杀了新加坡籍的继父，但并没证据证明这一点。他想了想，将麦卡尼特被捕前，所有已知的生活轨迹都列了出来，并把同时期当地警局的档案中的悬案放到一起交叉对比。

二

香港机场人来人往，苏耀带着十来岁的小女孩耐心等待，却不知危险已经盯上了他们。

麦卡尼特戴着小礼帽，一身黑衣混迹在人群中，他对苏耀不感兴趣，来机场的目的是要对付唐师道。但如今他看了一眼苏耀带着的女孩，注意力一下子就被吸引过去了。那小姑娘眉清目秀，黑黑的头发修剪得很整齐，尽管眉宇间有些抑郁，但漂亮的眼眸中依旧灵气满满。

小女孩很敏锐地感觉到了麦卡尼特的目光，转头向他望来。四目对视，女孩皱了皱鼻子，扭头去拉苏耀的衣服。但就在此时，不远处走来几个和兴社的兄弟，苏耀转身迎了上去。麦卡尼特飞快掠出，女孩叫声都来不及发出就被他抱走了。

麦卡尼特把女孩抱到僻静的角落，食指放在嘴边，做出不许出声的手势，他惨白冰凉的手掌慢慢地摸向女孩的额头。

小女孩果断地向后退了一步，出乎意料的镇定，她冷着脸道："不管你是谁，你都要完蛋了，我爸是和兴社铜锣湾扛把子苏耀。你最好乖乖地把我还回去。"

麦卡尼特眯着眼睛，纯黑色的眼眸发出妖异的光芒，他拿出一枚银币，对着小女孩晃了晃："小朋友，我们来做个游戏吧。你来猜是字还是头。如果你猜对了，我就让你回去。"

小女孩揪着头发，侧着头想了想，伸出小手掌道："好，我来丢。"

"为什么是你来丢？"麦卡尼特瞥了一眼女孩手腕上的刀口，"看你也是不想活的人，干吗那么计较。"

"那不一样。"小女孩一点也不怕他，"你是大人，又是男人，不该让着我点吗？"

麦卡尼特怔了怔，苦笑着把银币放在女孩手里，那是一枚古老的雕花银币。

"我要头！"女孩接过银币就抛向了空中，银币丁零当啷落在地上滚了一圈，居然真的是"头"。麦卡尼特再

次怔了怔，捡起银币摇了摇头，消失不见了。

小女孩按住手腕的伤痕，长吁了一口气，转身朝机场大厅跑去。而就在这么几分钟中的时间里，苏耀已经惊得全身是汗，看到女儿跑回来，他赶紧抱住，仔细端详道:“七七，你没事吧？七七！”

“没事。”苏七七小朋友撇嘴道，“我刚才遇到一个很怪异的家伙哦。”

这时机场广播公告有飞机降落，一身中山装、潇洒帅气的唐师道从机场通道走出来，他身边还有一个面部棱角分明的俊朗男子。

苏耀带着疑问望着对方。

唐师道微笑道:“耀哥，我来给你介绍，这是ECIS的诸葛羽，他听说我较他晚一班飞机，就特地在里面等我。”

“你一定是和兴社的苏耀先生，我听铁南提过你。”诸葛羽伸手跟苏耀握了一下手道，“你家姑娘面色不太好，没什么事吧？”

“我刚才遇到了个眼睛漆黑的怪家伙。”苏七七说道。

诸葛羽眼睛放出精芒，昂然望向四周，几乎是第一时间里，他在人群中找到了麦卡尼特那萧瑟的身影。麦卡尼特并不躲闪，他起初有些吃惊，但紧接着眼中就露出小孩发现心爱玩具的表情，逼视着诸葛羽。

诸葛羽、唐师道、苏耀呈品字形而立，麦卡尼特左手一扬，边上的两排椅子一齐飞起来砸向对方。唐师道高高跃起，仿佛飘浮在空中一样，轻巧地把那些椅子一一接下。诸葛羽上前一步，人呈抛物线甩出，一个飞脚踢向麦卡尼特的后脑。

麦卡尼特冷笑着，用手肘拦向诸葛羽的脚，右手做手刀状掠向诸葛的腰部。诸葛羽人在半空一个旋转，脚尖扫在麦卡尼特的肩头，麦卡尼特就像被卡车撞到一样，被横着踢飞出了二十多米。但他即便失去了平衡，依旧挥动着双臂，将边上来不及散去的人群隔空牵动丢向诸葛羽。依旧是唐师道，只两步就落在诸葛羽之前，好像空中飞人一样，把那些丢过来的人毫发无损地一一接下。诸葛羽则一个起落跳到麦卡尼特的身边，双手按住对方肩头。

在双手接触到麦卡尼特肩头的那一瞬间，诸葛羽突然感觉到手掌冰寒至极，仿佛要凝固了一般，立马将手掌由抓变推，将麦卡尼特推开了几步，即便如此，他的手指还是起了一层薄薄的冰。麦卡尼特低喝了一声，双臂张开，十指舞动。虚空十道丝状的刀风斩向诸葛羽。诸葛羽脚步轻盈踩起步点，人在刀网中闪转腾挪，找了个机会，近身到了麦卡尼特跟前，猛然挥出拳头砸向对方的耳门。

麦卡尼特向后一个空翻避过，落在三米之外，但拳风已让他觉得有些眩晕，诸葛羽如影随形紧追不舍。麦卡尼特深吸了一口气，嘴里发出尖锐刺耳的长啸声，机场大厅的吊顶瞬间全都爆开了，那直接牵动脑神经的声波，如同大斧般砸向诸葛羽的大脑。诸葛羽只觉脑海里波涛翻滚，闷哼了一声，拳头爆发出山岳般的力量，一个重拳砸在了麦卡尼特的面门，但对方却变成了一把椅子。

诸葛羽望向四周，接机大厅的东南西北各出现了一个麦卡尼特的身影。

唐师道双手一展，四枚钢针掠向四道人影，不想那四道人影都是虚影，真正的麦卡尼特已经消失不见了。苏耀抱着女儿早已是一头冷汗，而苏七七却只是眼睛一眨一眨地看着诸葛羽和唐师道。

诸葛羽则仿佛忽然想到了什么，对唐师道和苏耀抱了拳，就风风火火地冲出机场。

三

铁南挂断电话，呼出一口气，苦笑着对诸葛羽道:“老大，香港的老外探长打电话来。下次我们抓捕异能者的时候，能不能不要那么大的动静。”

“我无所谓啊。”诸葛羽耸耸肩，又补充了一句道，“反正就快到九七了，老外牛不了几天了。”他看着屏幕上的数据若有所思，这就是铁南伏案几小时的成果，“果然跟我想的一样。”他不由感叹道。

“两年前他和我们交手，什么都没做。”铁南拉起大题板，把两年前六个死者的资料贴在上面。依次编号 1 到 6。异能分别为“机械修复”、“寒冰体质”、“卓绝听力”、“隔空取物”、“分身术”、“通灵”。

诸葛羽把雷梦羽的照片也贴了上去，异能这栏空缺，老雷只是个格斗家。他将“寒冰体质”、“隔空取物”、“分身术”圈了起来，“这三个我都见过了，这家伙是个罕见的异能收集者。”

铁南将麦卡尼特的照片贴到最高处，皱眉道:“现在我们把这些事情串联起来重新审视，会发现这家伙不是变态连环杀手，不是失控的疯子，这家伙是有自控能力的杀手，一系列的案子都是有计划有预谋的。但我不明白的是，他两年前为啥会主动被我们抓获？"

"答案应该在你查到的那些记录里。"诸葛羽拿出一摞刚刚打印出来的人物照片，一张张挂在了那些异能者的下方，居然有三十三个之多。

麦卡尼特出生于都柏林，父亲早亡，跟随改嫁的母亲去了新加坡，之后随着他母亲的改嫁和学业的关系，先后在新加坡、波士顿、都柏林、利物浦、大阪等多个城市居住过。从他十四岁开始，几乎所有他居住过的城市都有分尸类的悬案记录。死者类型各种各样，有异能者也有普通人，年龄也从十五六岁的年轻人到八十岁的老人不等。

可以确定的是分尸手法从最初的生疏粗糙，到精确如手术操作，变得越来越熟练到位，但几乎每个城市他都不会杀超过三个人，目标又毫无共同点，所以几乎没有引起太多的注意。只有在波士顿曾被美国 FBI 的行为分析科建立档案，档案评价该未知嫌疑人极度危险，杀人数量预计已超过十人。

"从最近两年的案子看，他是个异能收集者。他本身应该是少有的异能学习者。"诸葛羽看着面前那么多死者，慢慢地道，"铁南，你还记得三年前的伦敦大战吧？我们的敌人克格勃第零局里面就有一个异能学习者，这两个家伙的能力很相似，但克格勃那个人似乎不需要把人切成几片就能研究。"

"世界上多几个这样的怪物，我们还混什么……"铁南嘀咕道，"但我觉得他似乎是在找什么东西。尸检报告说，尸体有被解剖的痕迹，不完全是切开。"他拨通了艾米·张的电话，"艾米，你那里有什么收获？"

艾米道："锁龙监狱的两个死者中，那个异能者囚犯是正常死亡。而相比而言那个快退休的医师和麦卡尼特交往比较频繁，死于宿舍的火灾。火灾并不算大，只涉及一个楼层。而我查到这名医师比较神奇，似乎拥有神秘的力量，可以让一些疾病自然治愈。"

"治愈能力者？"铁南皱眉，"这也是很少见的能力。"

"但我没有证据，医师死在了宿舍楼的火灾中，他的东西很多都被烧毁了。我在医师的遗物中找到了部分没有焚毁的日记，里面说到他和麦卡尼特的交谈，以及一些他年轻时的见闻。里面提到他拥有一些让外伤迅速愈合的能力，晚年时期甚至可以修复内脏的损坏。我整理了一些里面的内容，发现有一个名词叫做‘生命晶体’，但因为日记本烧掉了大半，所以不知道这到底是什么意思。”

“你确认这个医师没有被分尸？”诸葛羽问。

“尸体被烧焦了，监狱方没有尸检，但可以肯定的尸体是并没有被分尸！”艾米回答。

诸葛羽对铁南道：“如果医师拥有治愈能力，那么麦卡尼特应该也拥有了这种能力。”

“但治愈能力分为自我治愈和治愈他人。算是不同的两种能力，那个医师应该属于后者。”铁南道，“如果麦卡尼特是为了寻找这个才选择被关入锁龙监狱的，那么他到底是为了治愈谁呢？”

铁南看着第六号异能死者的能力“通灵”，道：“档案显示他已经没有亲人，他的母亲在两年前已经死了。我们可以说他收集异能是为了让母亲复活吗？艾米，你挖掘一下他的亲属和一切有联系的人，尤其要查一查他母亲的情况。”

“好的，有发现我会在第一时间通知你的。”

铁南挂断电话道：“目前，我们能做的只有这些了，也不知道这家伙会藏身何处。晚上我们去和兴社安排的晚宴，如果他白天没被你和唐师道吓到，那么他还是会继续盯着唐师道的。我只是不明白他袭击雷梦羽和唐师道，到底是为了什么。单纯是为了报仇吗？如果他是有预谋地被关入锁龙监狱，那么他和那两个人其实并没有仇。”

“像他那种疯子……一定会继续玩下去的。”诸葛羽脑海中浮现出麦卡尼特略带癫狂的眼神。

四

东亚格斗大赛预热晚宴，在铜锣湾的“笑看轩”举行。

宴会大厅张灯结彩，香港各大社团的格斗家济济一堂，显然并没有被传说中的“武神猎人”吓倒。从晚宴开始为雷梦羽默哀，到组织者苏耀讲话，参赛代表杜青锋发言，以及席间的格斗表演赛，晚宴按流程有条不紊地进行着。苏耀则谨慎地把女儿苏七七带在身边，即便是上台发言时候，七七也在他视线范围之内。

铁南在会场中与各个社团的负责人寒暄，他不再是当年那个只知道技术的宅男了，已经被锻炼成了一个老油条。当他得知白天麦卡尼特和苏七七之间发生的插曲，亦开始关注起那个小朋友，谁知道麦卡尼特会不会对她下第二次手。铁南发现苏耀和女儿的关系并不和谐，而且作为父亲的苏耀也不知道女儿到底有什么异能。

诸葛羽站在会场高处，神经没有一刻放松，隐约中他感到周围已经有恐怖的东西在靠近，对他来言，就好像在等待猛兽前来的猎人，居然有些兴奋。

席间的格斗表演赛已经进行了三场，接下来应该是压轴的节目，由杜青锋挑战香港方面的冠军，"天下武神榜"排名第四十二的东升阿利。杜青锋已经在客席的位置等候，他原本即将出师了，将在明年回到上海东天集团，而主队那方的阿利却迟迟没有露面，周围的观众开始窃窃私语起来。

突然，一声惨烈的号叫声从阿利所在的休息室爆出来。所有人都心头一凛，诸葛羽、苏耀、铁南第一时间冲进了休息室。那间并不算大的房间里到处都是鲜血，阿利被分成了几块丢在地上，墙壁上有一个鲜红的"M"。

为什么死的是他？诸葛羽和铁南心里同时生出疑问，他们的目光扫向四周。诸葛羽皱眉道："苏耀，你女儿呢？"

"她刚才跟着我的……"苏耀一愣，勃然变色，大叫道，"七七！"

但是人群中并没有苏七七，他们一起冲回大厅，依然不见小姑娘的影子。这时候唐师道从外面跑了回来，他面色苍白地道："七七被麦卡尼特带走了，那家伙跑出一条街就消失了。我追不上他。"

苏耀晃了晃，差点昏了过去。

诸葛羽低声道："并不是完全没希望，你女儿已经被他掳走过一次却能平安回来，说明七七对麦卡尼特而言有些特别。"

麦卡尼特挟着苏七七来到一处半废弃的仓库，他肩头鲜血淋漓，要摆脱唐师道并不容易。苏七七被他丢在一边。

"我不怕你，唐叔叔的针有毒……你就要死了。"苏七七靠着墙，声音微微发颤。

麦卡尼特看了她一眼，右手拿出一把小刀，将左肩发黑的伤口划开，发黑的血被他陆续挤出。他拿出口袋里的一个小包，熟练地把伤口缝合了起来，仿佛那伤口根本不在他的身上似的。他一面缝合，一面说道："你是一个有趣的孩子，具备两种不一样的能力。这是我第一次看到身上具备多种异能的人，也许你身上会有别人没有的东西。"

苏七七皱眉道："你自己不也有很多能力吗？"她东张西望，这个房间很小，房门已经被锁上。她不敢大叫，因为她知道没人能对付得了这个恶魔。

"其实我只有一种能力，学习的能力而已。"麦卡尼特缝好最后一针，靠在门上慢慢地坐下，即便是他中了唐门的剧毒也不能马上复原。他沉声道："我说过今天不杀你，所以你暂时不会有事，但不要妄想逃走。"

"我爸爸苏耀会找到我的。"

"我看你和父亲关系并不好，为什么？这个年纪的小姑娘不该……黏着父亲吗？"麦卡尼特懒洋洋地道，"他怎么你了？如果他虐待你，要不要我杀了他？"

"四年前……"苏七七低声道，"四年前的一场大火，把我妈妈和我家里的哥哥妹妹都烧死了。而他今年却决定再给我找个新妈妈……"

"原来如此……原来……"麦卡尼特靠在门上，昏昏沉沉地睡了过去。

睡梦中，作为婴儿的他被一个美丽女子抱着，然后……时间一点一点地逝去，女子不再美丽，而他也不再是那个婴儿。皮肤苍白，皱纹斑驳，却浓妆满脸的女人不断对他怒吼。不论是多大年纪的他，都被这同一个女人呵斥着，"你是个没有用的人！""讨债鬼！"

"妈妈……"麦卡尼特醒了过来，手表的时针已经过了午夜十二点。

苏七七坐在房间的角落里，用同情的目光看着他，问了一句："她怎么你了？"

"我父亲死得早，她是个需要男人照顾的女人，于是很快就改嫁了。第一个男人对我很好，可惜不长命。她很快找了第二个男人，那个男人很讨厌我，经常打我，她也跟着一起讨厌我。"麦卡尼特黑色的眼眸显得很空洞，"他讨厌我没有关系，但不能虐待我母亲。我警告了那个家伙，但没有用……这个世界上有些人不是人，不配活着。我母亲只是有所怀疑，从此看到我就像看到野兽一样。她……很快找了第三个男人，也就是第四任丈夫。她挑男人的眼光越来越差，所以我不会让她再嫁错人了，在她第四次嫁人前，我杀了那个男人。"

"你喜欢杀人……"苏七七怯生生地说。

"这个世界上有些人不是人，不配活着。"麦卡尼特又一次重复了同样的话，他停顿了一下又道，"但是妈妈只有一个。她是我这个世界上最想见，又最怕见的人。"

"我理解你。"苏七七小声道，语气却成熟得像个大人。

"谢谢你的理解。"麦卡尼特拿出一枚银币，另一只手冰凉的手指摸在苏七七的面颊，"现在已经是第二天了，你现在有两个选择，要么再猜一次，赢了，我就放你回去，要么直接跟我去新加坡，陪我去见她。我不想一个人面对她。她时日无多了，我找遍了各种方法，还是没办法治好她的病，我想去看她最后一眼。"

苏七七哆嗦了一下，低声道："我跟你走。"

麦卡尼特仿佛松了口气，愣神地看了女孩两分钟，微笑道："很好。"

五

盯着电脑的铁南，忽然拍着桌子道："诸葛，E 神数据库有消息了。锁龙监狱医师日记提到的'生命晶体'是一种科学猜想。据魔法世界认为，世界上最强有力的能源是人类的灵魂，而灵魂寄居于人类血脉中，主要在大脑、心脏和生殖器三个地方。然而灵魂如果成功提炼出能源，那一部分就称为生命晶体，被一些魔法师称为最强力量。"

"即便知道了这些，我们仍然不知道现在麦卡尼特在哪里。"诸葛羽挠头道。

"但我们至少知道了那家伙在找什么。"铁南道。

"我们现在最要紧的是必须在他对那个小女孩动手前找到他！"诸葛羽来回踱步，他想了想，最后拨通了艾米·张的电话，"艾米，你那里有新进展吗？我必须知道麦卡尼特在香港将会藏在何处，在哪些地方有可能找到他。"

"诸葛，你真神，我刚要打你电话。"

艾米回答道，“你猜我查到了什么？记录上麦卡尼特的妈妈死于三年前，但其实她没死，作为植物人的她，只是被换了个名字，安排到了新加坡郊区的一家疗养院，做特别看护托管。”

“这，你是怎么查到的？”诸葛羽吃惊道。

“我设了时间条件，把与他妈妈同年龄段，以及死亡时间接近的记录全部调了出来，然后对比着进行细节处理，一番比较，终于找到疑点了！”艾米得意地道，“具体地址，我马上传真给你！”

“谢谢，你做得真是太好了！”诸葛羽对铁南道，“这会是个突破……老天，我们现在需要一点运气。我觉得他是为了给他妈妈治病，才对被杀的人进行解剖。植物人、通灵、治愈能力、生命晶体，这些东西放在一起就八九不离十了！”

这时铁南的笔记本电脑突然发出一声“嘟”，他收到一封电子邮件，赫然是从香港机场发来的，里面只有一句话：“七七和他去新加坡了。”

诸葛羽和铁南面面相觑，同时决定相信这条消息，第一时间冲出了房间，直奔机场。

毗邻马六甲海峡南口的新加坡，被称为“狮城”，因为新加坡是梵语“狮城”的谐音。没有去过新加坡的人或许一时反应不过来，其实新加坡是一个岛国，而新加坡市是新加坡共和国的首都。这听上去有点拗口，但确实如此。

麦卡尼特将妈妈托管在新加坡本岛南部的一个小岛上的疗养院里，这是一个很美的地方，开满了各种各样的胡姬花，在疗养院的周围更是开满一种不知名的花朵品种，红黑相间的花瓣，带着一种妖艳的旖旎。

诸葛羽戴着墨镜远眺着前方的庭院，据说里面除了麦卡尼特的母亲和两三个日常看护人员，根本没有别的病人。

铁南道：“前后三条道路，都已经设置了路障。天上我布置了两架直升机，这一次，他插翅难飞。”

“关键是孩子不能有事。”诸葛羽道，“我不让苏耀跟来，更要对他负责。”

唐师道提着长剑，一边走下车，一边道：“诸葛，这一次让我出手，好不好撒？我之前已经用毒针伤了他。你现在出手，等于我们二打一。”

诸葛羽皱眉看了他眼，低声道：“尽量抓活的。”

六

麦卡尼特站在病床边，左手轻抚着母亲的额头，淡淡的绿光传遍了老人的全身，但满脸皱纹的老人并没有任何动静。他颓然地松开手，苦笑道:“有些事情对别人管用，但对你就是不管用啊。妈妈，我会继续想办法的。”他蹲在病床边，慢慢地说道，“前些时候，我听说这个世界上有种叫‘生命晶体’的东西，据说那东西可以起死回生，活死人生白骨，我会努力去找的。妈妈，我不会放弃的。”他在胸口画了个十字，默默祈祷着。

这时，外面高音喇叭响起，诸葛羽大声叫着，让麦卡尼特出去投降。

麦卡尼特站起身，扭头对苏七七道:“他们来得这么快，是你通知他们的？但是你是怎么做到的？”

“我的能力之一，是能控制电脑……”苏七七拉着麦卡尼特的衣服，说道，“麦卡尼特，你逃吧。”她在说这话的时候，赫然变成了麦卡尼特的样子，她站在对方面前，继续道，“我变成你走出去，拖着他们，你趁机逃吧！你不算是个很坏很坏的人，我知道。”

麦卡尼特冰冷的手指，在七七脸上划过，微笑道:“是吧，小朋友，你根本不懂什么是坏人。”他拍了拍苏七七的脑袋，女孩变回了自己的样子。麦卡尼特拉着女孩的手，慢慢地朝外面走去，“我不会让小女孩为我做掩护的，外面那些家伙抓不住我的。但是七七，如果你父亲给你找的新妈妈是好人，你就不要恨他了吧。”

一大一小走出了庭院，麦卡尼特抬头看了看天上的直升机，微笑地放开了苏七七的手，高声道:“再怎么劳师动众，你们也是抓不住我的。”

“不用劳师动众，我一个人就够了。这次你不会逃了吧？”唐师道走上前道。

麦卡尼特看到他，肩膀的伤口就又疼了起来。他慢慢地说道:“你现在排名第十一，对吗？即便杀了你也不是天下十大，所以也没有什么好高兴的吧。”

唐师道耸了耸肩，潇洒地展开了双臂，向前走了两步，他的每只手上都有一枚钢针。麦卡尼特也上前了一步，但他这一步却是站在了阳光下，他的眼睛被阳光刺得眨了下眼。唐师道立即出手……一枚钢针直奔麦卡尼特的眉心。

麦卡尼特不动不晃，左手一抬，一点冰珠随着他的手指飞出，正碰在钢针上，两者相撞发出了一声“叮”响。他右手五指晃动扫向前方，凌厉的五道刀风隔空劈向了唐师道。唐师道半转身，躲过刀风，又两点寒星从手中飞出，一前一后飞向对方。这次麦卡尼特必须躲了，他大步冲起，左手居然闪过雷电的光芒，在大太阳下发出了一道闪电。唐师道的右手不知什么时候多了一柄短刀，凌空神奇地接下来这道闪电。

这化腐朽为神奇的一击，让周围观战的诸葛羽和铁南都愣了一下。《天下武神周刊》曾经言道，唐师道是最近十年中中华武术最杰出的代表人物，诸葛羽还一度不信。尤其是即便唐师道目前排名天下第十一，但《天下武神周刊》默认的规矩是，只要他没有成功挑战前十大的人物，就永远不能排入前十。大多数人都以为，他可能就此止步。

而场中，麦卡尼特旋风似的转动了起来，他双臂大张，十手指连环点出，漫天刀风就此扬起，一道道的刀风从各种角度，各种方向劈向唐师道。唐师道的身体摆出了各种奇怪的动作，每每都能在间不容发的时候躲过刀风，并不时打出两枚钢针干扰麦卡尼特的攻击，更让人觉得匪夷所思的是，主动攻击的麦卡尼特不断变换着位置和步伐，唐师道则是站在原地不动。最终变成了麦卡尼特围着唐师道转圈。

“老唐居然这么厉害。”观战的铁南吃惊道，“但暗器总有打完的时候，他已经打出三十多枚钢针了。”

“你倒是数得够认真。”诸葛羽笑道，“就要分胜负了，之前所有的暗器，都只是为了试探麦卡尼特的功夫路子，相信这个时候，唐师道已经摸得差不多了，该出绝招了。”

说话间，唐师道发出一声长啸，在漫天刀风中，甩出一柄飞刀。那短刀突破层层刀风，直奔麦卡尼特的脖子。麦卡尼特向后飞退，单手挡在面门，一层薄冰将短刀拦下。但那短刀接触到寒冰后，并不下坠也不偏离，而是仿佛有灵性一般，斜飞向对方的肋部。

麦卡尼特大吃一惊，手忙脚乱地就地一滚，狼狈不堪地躲过那柄飞刀。突然，地底下无声无息冒出了一枚钢针射入了他的小腹。麦卡尼特的面色顿时变成了紫色，忙往后退，他怪叫一声，向天上飞起……

盘旋在空中的直升机自然不会那么容易放过他，向他打出一排子弹，麦卡尼特居然还能挣扎着躲过，身子一侧飞向了另一个方向！诸葛羽深吸口气，掠向麦卡尼特下方，朝天就是一拳，这一拳早就蓄势待发，好似霹雳雷霆，在天空中一声闷响！

麦卡尼特仿若中箭的猛禽翻滚着落了下来，地上的唐师道毫不停顿地又是一刀飞出，刀锋准确地插入麦卡尼特的心脏。所有人一起跑向了这个所谓的“武神猎人”，但麦卡尼特这次没再挣扎，他安静地躺在地上，已经气息全无。

诸葛羽紧了紧拳头，即便是看着尸体，他依然觉得紧张。唐师道拔出飞刀，仔细检查了一下尸体，低声道:“他死了。”

边上的警务人员走了过来，把麦卡尼特的尸体装入裹尸袋抬走了。

新加坡的警队一起帮忙搜索了整个疗养院，两年前没有发现的死者的头盖骨，在后院地窖的一个木盒子里被找到了。但数量并不是六个，而是十一个，是否说明被麦卡尼特杀死的异能者不止六个，而他学会的异能也至少有十一种之多呢?

铁南看着病床上的植物人，低声道:“这家伙如果不是那么执著地想要回来看他妈，我们压根就抓不到他。”

“的确如此。”唐师道进门后，小心翼翼地把在外面寻回的钢针整理收好。

诸葛羽看了眼唐师道手里的暗器包，发现钢针少了一枚。

“那枚应该在尸体里。”唐师道解释道。

突然，外面的警察跑了进来，道:“跑了！诸葛先生，铁南先生！那人跑了！”

“什么?”诸葛羽瞪起眼睛。

“我们运尸体的车子开出几公里后，那个死人忽然复活了！然后……他跑了！”警察结结巴巴道。

尾声

只要麦卡尼特不死，那么这场追逐不会结束。

很多年后，诸葛羽重新说起这个案子的时候，少有地为自己在这一时期没有“心灵倾听”能力感到遗憾:“如果我有心灵倾听能力，他装死一定瞒不过我。如果那时候他没有逃走……之后很多事情就不会发生了吧。”

但麦卡尼特逃走后，在很长一段时间都没有再作案。过了些日子，ECIS香港分部即将成立，但麦卡尼特就像一滴水珠落入大海，再没任何线索。

诸葛羽小心地把“武神猎人”的档案收入档案柜，手边拿起一摞人事材料。第一份就是艾米·张的，他看着坐在窗口阳光下的铁南道：“三年前，我遇到你的时候，你的特长是电脑技术，以及各种科技支持，基本上与艾米是一样的，你觉得我们一个小组有必要有两个同样特长的人吗？”

铁南笑道：“其实，我和艾米的特长不同，她还擅长心理学以及生物科技。但你说得对，总的来说她还是后勤支持。但老大啊，你要知道，我在香港主要负责和香港皇家警察的协调。而且时不时地我还想跟你一起出外勤，原本我的工作总得有人干吧。”

诸葛羽挠了挠头，把艾米·张的简历挑出来，放在手边，嘟囔道：“好，这就算一个。但接下来还有那么多人要看。”

“做科长就是这样了，哈哈。”铁南挥了挥手，让外面等待的艾米进来开始工作。

“我原以为，伦敦他们是准备让你做科长的呢。”诸葛羽问。

铁南笑嘻嘻地给艾米布置了大量的文书工作，回答道：“但我对他们说，不管是不是有任命，我都管不了你，实际上都是你来做老大。不如我老老实实在边上协助，做所谓的监督工作。”

“监管，就是一个部门两个头的意思吗？”艾米笑嘻嘻道。

诸葛羽点头道：“对，所以现在就是你一个苦力，两个主人。”

铁南跟着一起哈哈大笑起来。艾米推了推眼镜，看了眼诸葛羽手边的几十份人事简历，颇为淡定地耸了耸肩。

“艾米，你的第一件任务就是努力了解什么是‘生命晶体’。这是抓麦卡尼特的关键。”诸葛羽望向窗外自语道，“下次他绝对跑不了，要不然他猎杀别人，我们追杀他，何时是个尽头。” 悬疑志

小组讨论会

诸葛羽：居然还是两人档，铁南恭喜你变成主角了。

铁南：这是作者老大给面子，看来香港的故事就要开始啦。不知道以后七七会不会经常来客串呢？

苏七七：希望可以，但我记得在很多年前，我们这个系列第一个故事时，诸葛羽到上海跟我不算很熟。所以我小时候应该和他不怎么熟悉吧。

诸葛羽：你还真严谨……说起来，作为本集主角的我还是那么帅。

麦卡尼特：是吧，谁都知道这一集最帅的人就是我。

苏七七：其实……我觉得唐大先生还是很帅的。

唐师道：谢谢捧场，我本来就很帅。很难想象1996年的时候，我家唐飞也已经八岁了。

苏七七：你比唐飞帅多了。

唐飞：咳咳……

诸葛羽：阿飞，今天没你的戏，你怎么来了？

唐飞：我来把老头子带回去，我妈妈叫他回家吃饭。

麦卡尼特：那个会乱丢东西的人被儿子带走了，所以我才是最帅的人。

苏七七：帅真的那么重要吗？

诸葛羽：帅不重要，重要的是“最”帅！

麦卡尼特：这句话我赞同，就好像不管什么事情，说好很容易，说到“最”好，就有一群人来争。

铁南：我只好奇一件事情，目前为止，香港小组只有诸葛羽一个人能打，之后会有什么新人呢？

麦卡尼特：我嘛，我加入嘛。我可是史上最帅的变态杀手。

苏七七：白日做梦！你也知道自己是变态啊？

诸葛羽：我想君天大人也在考虑吧？你看君天大人一直不说话，在写什么呢？

君天：我是来打广告的，大家都让开。关于1933年大战的故事已经正式上市了，名叫《异现场调查科·1993血族革命》。请各位编辑，各位读者，老少爷们，叔叔阿姨，哥哥弟弟，姐姐妹妹们努力捧场！

所有人：我倒！

君天：不捧场，剧组就会解散！你们就没饭吃了！

所有人赶紧站成一排拉横幅：新书上架，请大家多多支持，有钱的捧个钱场，没钱的捧个人场！人气是创作的第一原动力！悬疑志

[特别策划]

哈利·波特的魔法启示

——西方魔法 PK 东方巫术

整理 / 本刊编辑部

“哈利·波特”系列电影大结局《哈利·波特与死亡圣器》已经完满落下了帷幕，然而相信大家对电影中那些超炫而神秘的魔法依然无法自拔吧。“魔法”其实与东方的巫术意义差不多，是一种企图借助超自然的神秘力量对某些人和事物施加影响或给予控制的方术，只不过由于文化背景和历史条件的不同，所以其事物名称和内涵以及表现方式也就有所不同了。本期我们特别收集了几个传闻中最为诡秘离奇的西方魔法和东方巫术，让我们从这些传闻中，一起来感受巫师的神秘气息，一起去探寻巫术的神秘力量吧！

西方魔法和东方巫术

巫术起源于原始社会。原始人几乎没有任何科学知识，为了生活更美好，他们通过各种方法探索自然的奥秘。就像解数学题，总有人能找到正确的方法，得出正确的答案，而另一些人采用了错误的方法，只能得到错误的答案。

在探索过程中，有的原始人通过改进生产工具（如发明了弓箭），提高劳动技术（如种植农作物）等方法达到了改善生活的目标。这是科学的方法。有的人却从开始就误入歧途。他们把一些偶然出现的情况当成必然的“法则”，并遵照错误的“法则”行动。举个例子：部落中有个猎手，一天，他不小心把一些白颜料蹭到了脸上。这天打猎时，他碰巧打到了一只又肥又大的鹿。人们便相信白颜料能带来好运气，于是每次打猎前，总要抹一些在脸上。渐渐地，这就变成了打猎前的仪式。于是，原始人就高兴地认为他们的“法则”是正确的。他们相信，只要按照“法则”举行特殊的仪式，愿望就会实现，巫术就这么逐渐形成了。由于不同的文化背景和历史条件，这些“规则”也有了一些不同的体现，当前的巫术主要分为两种：一种是具有东方色彩的巫术，一种是具有西方色彩的魔法。

从巫术的性质出发，西方巫术可以分为黑巫术、白巫术和灰巫术。黑巫术往往用于邪恶的目的，会损害他人利益；白巫术则相对平和，是祈福求吉时施用的巫术，也叫吉巫术；处于白巫术和黑巫术之间的灰色地带，被称为灰巫术。

白巫术：好的巫术。使用白巫术的巫师潜心于自己的研究，他们把巫术当做自己的兴趣爱好，在运用巫术时都是出于公心，如治病救人、扶危济困之类。这样的巫师最后可能成为祭司之类受尊重的人。

黑巫术：或称黑魔法，即对人有害的巫术。使用黑巫术的巫师往往出于一些自私的理由去伤害别人和控制别人，为自己谋私利。这些黑心的巫师有的也会为了利益而出售符咒，就像武器生产商，这些符咒被居心叵测的人利用就成了黑巫术。

灰巫术：介于黑白巫术之间，是中立的一派巫术，也是最常见的巫术。它是一些巫术施法者的自我兴趣。巫师会根据自己的好恶向别人施出法术，它的界限难以界定，亦黑亦白，亦正亦邪，因此被称为灰巫术。

也许是因为西方人对中世纪的猎巫行动极度恐惧，也许是因为他们希望在巫术的意义上再添加一些童话般的色彩，所以西方巫术发展到近代，更多的被称为魔法。

东方巫术大致可以分为两类：一种叫摹仿巫术，另一种叫接触巫术。

摹仿巫术：是一种以相似事物为代用品求吉或致灾的巫术手段。如恨某人，便做人形，写上该人的生辰八字，或火烧或投水，或针刺刀砍，以置那人于死地。从性质上讲，这属于黑巫术。再如小儿常常落井，为避灾，常做一人偶代替小儿投入井中，这种行为称做破灾破煞。在上古生产习俗中，稻花初开，男女相会于田间，以促进稻谷结穗。人若生疮，画在植物叶或黄纸上，便可移走病患，等等，都叫摹仿巫术。

接触巫术：是一种利用事物的一部分或与事物相关联的物品求吉嫁祸的巫术手段。这种巫术只要接触到某人的人体一部分或人的用具，就可以达到目的。如某人患病，在病人病痛处放一枚钱币或较贵重的东西，然后丢在路上任人拾去，于是认为病患便转移到了拾者身上。过去害人的黑巫术常常搜集不和睦人的头发、胡须、指甲以及心爱之物，以便加害对方。小孩子的名字也不能随便告诉别人，否则便要受制于人。

传闻中的西方魔法

通灵术

通灵术是一种用魔法召唤死者、幽灵以达到预言将来的方术。巫师认为已死之人通晓所有曾经发生和将要发生的事情，通过与这些死人对话，就可以获取未来的信息。

文学作品中曾这样描绘古怪可怕的女巫：她吃死人身上的肉，将经血与山猫的

肠、疯狗口边的白沫混合起来，用这种混合物让死人复活并强迫他们说话。她的魔法以像动物一样呼唤地狱力量的尖叫而结束。

有一幅经典画幅是这么描述巫师通灵术的：月光下，巫师们站在墓地里一个强大的巫术圈中，被唤起的灵魂以变白的形象从坟墓里站起……

这种仪式或者通过迫使灵魂回到尸体而令死者复活，或是唤来死者的幽灵。据说，只有那些自然死亡的死者才容易被唤起。据推测，要唤醒一个自杀的死者必须用大量更具魔力的必需力量和仪式。

一旦通灵术完成任务，尸体就要立马毁掉，或是焚烧或是埋在生石灰里，以防死者的灵魂遇到麻烦后，又回到地面去找通灵巫师。

回魂尸

回魂术不是通灵术，因为它不占卜什么。它是用一种独特的巫术唤起死者的信仰，从而达到起死回生之效。传闻只要尸体还未开始腐烂，术士或巫师就能叫它复活。这种被唤醒的尸体叫做回魂尸，它们能行走，进食，听人说话，但没有记忆。它们活动起来像个自动装置，明显表现出无自我思考能力。一般巫师们把回魂尸当做奴仆使唤。尽管有时回魂尸被用于对付活人，但最普遍的是将回魂尸作为一种廉价的劳动力。

巫师需要非常小心回魂尸们，因为如果回魂尸吃了肉或盐，它们将警觉自己的处境并回到墓地里去。

历史上曾有过能证明回魂尸确实存在的例子：有一个脖子受伤的女人死了，下葬仪式中的一个事故致使尸体的一只脚严重烧伤了。女人活着的时候，曾经拒绝过一个以情人自居的男人，几年后，她的回魂尸被认出正在为这个男人做仆人，而这位死者的兄弟之所以能认出她，不仅仅是因为她的样子，还有她严重扭伤的脖子和被烧伤的脚。

炼金术

“炼金术”从字面上看，我们很容易就知道了它的意义，即关于冶金和变化的技术。这种技术能够改变金属的颜色，使其呈现像纯金一样的金属色泽。这种颜色的变化被认为是把那些廉价金属真正变成了黄金。

热衷于炼金术的人认为所有物质都是由有限成分以不同比例构成的，改变这种比例就可以使物质发生变化。按照亚里士多德的说法，希腊炼金术士认为物质是由火、土、气、水以及另一种神秘混合体，以不同比例构成的。阿拉伯的炼金术士修正了这一观点，认为所有物质都是由代表灵魂和雄性能量的硫与代表精神和雌性能量的汞构成的。欧洲的炼金术士增加了第三种成分：盐，它代表物质生命。后来，对炼金

术的解释已经注意到了物质的四种形态：气体、固体、液体和等离子体。由此我们不难看出，很多人认为炼金术是现代化学的前驱，是有充分理由的。

炼金术确实涉及很多古代冶金学和化学方面的知识，但这些探索绝不是炼金术士的真正意图。神智学认为，自然界仅仅是一种天国和神的模式的翻版。上苍创造了它，其目的是使人们可以更好地理解神谕。炼金术士追求的终极目标不是黄金，而是炼金所象征的是将人类低级的品质变为精神上的绝对纯洁，并使之与神一致的过程。这一过程，就像炼金术士们所描绘的那样，先通过“剥皮”使物质只剩下最基本的部分以将其“杀死”，然后再使各种成分以不同组合将之“再生”。

神秘学者认为，金是最纯的金属，炼金术试图去掉使其他金属不能成为黄金的不纯性，使它们成为纯金。而贱金属有一种神秘的意义，它可以转变成具有真正神性的纯金。并且，通过获得神的知识和神的生活，使得炼金术士的灵魂永葆青春和纯洁。

传闻中的东方巫术

蛊术

蛊在苗族地区俗称“草鬼”，相传它寄附于女子身上，危害他人。那些所谓有蛊的妇女，被称为“草鬼婆”。有苗族学者调查后认为，苗族几乎全民族笃信蛊，只是各地轻重不同而已。他们认为一些较难治的长期咳嗽、咯血、面色青黑而形体消瘦等，以及内脏不适、肠鸣腹胀、食欲不振等症状为主的慢性疾病，都是中了蛊。属于突发性的，可用喊寨的方式，让所谓放蛊的人自行将蛊收回就好了；属于慢性患者，就要请巫师作法“驱毒”了。 这种令人生畏的蛊，并非苗人的专利。蛊术在中国古代江南地区早已广为流传。最初，蛊是指生于器皿中的虫，后来，谷物腐败后所生飞

蛾以及其他物体变质而生出的虫也被称为蛊。古人认为蛊具有神秘莫测的性质和巨大的毒性，所以又叫毒蛊，可以通过饮食进入人体引发疾病。患者如同被鬼魅迷惑，神志混乱。先秦人提到的蛊虫大多是指自然生成的神秘毒虫。长期的毒蛊迷信又发展出造蛊害人的观念和做法。据学者考证，战国时代中原地区已有人使用和传授造蛊害人的方法。

降头术

降头术是流传于东南亚地区的一种巫术。相传，是中国四川、云南一带苗疆的蛊术流传到东南亚地区后，结合当地的巫术所演变而成。它能救人于生死之际，亦可害人于无形之中。

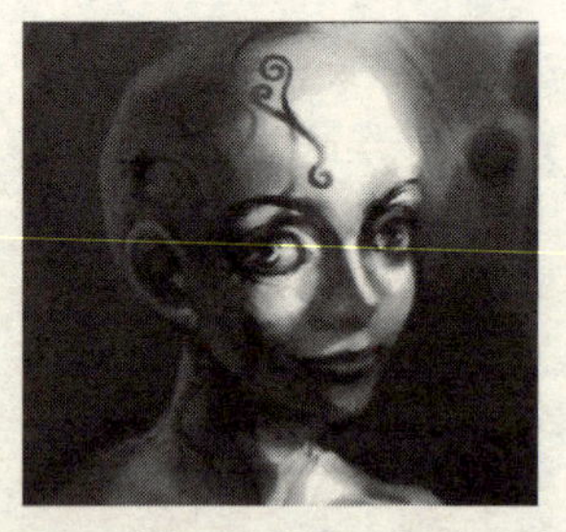

降头术大致可分为“降术”与“蛊毒”两个部分，一般称“降”与“头”。“降”则指施术的巫术与药蛊，“头”则指的是施法对象与姓名、生辰八字、所用物品等。

一般来说，施术者通称为降头师。本质就是将施过法的药蛊让人服下，借以达到控制其精神和肉体，最终制伏或杀害被施降者为目的。如果，所下的降头被破解，则会反受其害，所以要冒很大的风险，除非有深仇大恨或是利益冲突，一般来说不轻易出手。

流传于南洋一带的降头术，家喻户晓，不论层次、阶级、男女，无不惊奇其术其事的。因此，举凡孩子啼笑反常，夫妇口角反目，移情别恋，家庭骨肉不睦，老幼奇异病痛，精神病狂，财运停滞，事业不振等，无不与降头扯上关系，甚至要求降头师作法医治。

养小鬼

养鬼最盛行的地方是中南半岛，其中又以暹逻为最，而暹逻养鬼术源自中国西南部，如云南、四川一带，再融合当地巫教和印度传来的婆罗门教，便发展成现今的养鬼术。暹逻养鬼术后又传至中南亚。

暹逻养鬼术最常见的就是童鬼。一般降头法师最爱饲养童鬼，因为童鬼听话，容易驱使，不会造反，也没有一般厉鬼的邪气。首先降头法师必须挑选两位刚死不久的孩童（男女），年龄不得超过十岁。有道德的法师，是以高价与家属交换尸体，通常只有贫穷家庭才会做此交易。但邪师通常不愿花大笔钱做此买卖，于是夜深人静时，他们就拿着锄头去挖孩童的墓……

当收齐孩童的尸体后，降头法师拿着剧烈燃烧的蜡烛棒，烧两名孩童的下巴，当孩童下巴开始滴出尸油时，法师立刻拿瓷碗去接尸油，接完之后，法师就拿着这碗尸油放在法坛上，开始二十四小时全天候不断地轮流祭炼……

也有一些法师是在一小棺材里放置两尊木雕童像，不停地对着童像催着巫咒。祭炼连续九十八天后，法师将调制祭炼好的孩童降头尸油，分别倒入小棺木中，进行最后阶段的祭炼。

到了最后祭炼的阶段，通常这一教派所有参与祭炼者，再分三批，全天候不断地催巫咒，等到两个小棺木开始冒出白烟的时候，这时年纪最大的降头法师便立刻将童鬼像与降头尸油装入同一个透明瓶里，所谓童鬼就这么炼成了！悬疑志

Wu Cha
巫茶
文 / 一枚糖果
图 / 七彩明明

一

如果一个男人发疯一般把一个女人的头死死地按在浴缸里长达一分多钟，在此期间，女人疯狂挣扎，指甲在瓷砖上抓得鲜血淋漓，并且括约肌放松，屎尿齐流，形象全无……那么人人都能判断出，这个男人想要溺死这个女人。洪史志就是这样对待他的未婚妻小婉的，如果不是小婉的妈妈恰好美滋滋地带着一群亲戚与邻居来参观洪史志与俞小婉的新房，凶手差一点儿就成功了。

为什么女人总喜欢把家里的备用钥匙交给丈母娘？男人们都会想这个问题，杀妻的与不杀妻的都在想……

杀人未遂，因为小婉没有死成。亲戚朋友们轮番地对她进行人工呼吸，心肺按摩，“倒挂金钟”，“隔山打牛”，小婉终于“哇”的一声醒了过来，她一边狂呕着腹中积水，一边惊恐地钻到了妈妈的怀里。

“你叫我怎么帮你啊？别说我只是个小片警，就算我是奥特曼也帮不了你！”洪山辉对戴着手铐的哥哥洪史志大吼，“十一个人证亲眼看到你在杀小婉，十一个啊！还有小婉的证词，跟我说实话啊，哥！否则我怎么救！”

洪史志的证词很滑稽，什么“正在和小婉放水试用新买的浴缸时，突然就有了杀死小婉的念头”，什么“脑子里想着‘不要不要’，身体却很冲动”。

洪山辉简直要被哥哥气死了，“你拿A片里的经典台词糊弄谁啊?！”归纳下来非常简单——即将与小婉结婚的洪史志，在浴室里突然产生了杀死小婉的想法，并付诸行动。

偷偷看完审问记录的洪山辉，烦躁地用圆珠笔在桌子上画着一条条黑杠，本来没资格参与也不该参与这件案子的他，是通过几位在局里工作的好友的帮助，悄悄地摸进了拘留所，他相信哥哥是冤枉的，哥哥实在是没理由去杀小婉。

首先不可能是情杀，性格内向含蓄的洪史志追了小婉三年才追到手，更加内向含蓄的小婉等洪史志追了三年才羞答答点了头，结婚之前连爱都没做，新房装修好马上就要结婚的他们怎么会闹情杀？洪山辉与哥哥一同生活了三十年，与住在胡同对面的小婉认识了二十年，他首先就否定了“小婉出轨”的可能。换句话说，以哥哥的性格，就算小婉在外面有人，哥哥知晓后，也只会趴在洪山辉的肩头上痛哭流涕。

为财？两个人都是茶厂的普通职工，一个负责采茶，一个负责评级，工资都一样，能有什么财可夺？骗保就更不可能了，骗保的人不会用这种近乎疯狂不计后果的杀人方式。何况经过调查，哥哥也从来没有暗地里给小婉买过巨额保险。

难道真的像同事说的那样，哥哥是个精神病患者，是个彻底的暴力型疯子？看着派出所囚室里精神恍惚颓废消沉的哥哥，洪山辉欲哭无泪。

二

“刀大爷，您在这干吗？”凌晨时分才回家的洪山辉，吃惊地发现自己管辖片区里唯一的五保户、孤寡老人刀黑凤正蹲在自家的门口，自从他唯一的儿子刀小刀吸毒成瘾，抢劫杀人被判死刑后，他彻底沉默了，还经常一个人在午夜傻笑，神经兮兮的。

刀黑凤破旧油亮的脏棉袄与夜色融为一体，使得洪山辉差点儿撞上了他。成为一名警察后，洪山辉就经常去刀黑凤那充满酸臭气息的小院里打扫卫生，再帮他洗澡，把所有换下来的脏衣服与还没穿过的脏衣服丢在大盆里用脚踩。然后买来鸡鸭鱼肉和白酒与刀黑凤大吃一顿，最后临走时留下一张粉红的钞票。

“你在我这里做的一切是不会让你有升职的可能的，没有哪个当官的会因为你做了这些而让你升官。”刀黑凤经常一边晒着太阳，一边眯着眼睛看着站在大盆中狂踩着衣物的洪山辉。

“也对哦。”洪山辉倒掉盆中油光四射的污水，重新加入清水，接着踩，继续用这种大男人才用的豪迈方式洗着衣服。

“可是刀大爷，看来我已经把这件事变成了一种习惯了。”洪山辉冲着老刀嬉皮笑脸。

“我帮你。”刀黑凤开口了，声音嘶哑。洪山辉则觉得莫名其妙。

“你照顾我已经八年了，就算是只猫，也会抓来老鼠报恩的。”刀黑凤说。这是什么比喻啊，洪山辉哭笑不得地看着被自己当爹一样伺候了八年的古怪老头。

“事到如今，我不得不公开我的真实身份了。”刀黑凤表情肃穆，“其实，我就是巫姑一族第八十八代传人，解放前在江湖上曾经叱咤风云的巫侠，人送绰号——巫山云雨！”

“嗯嗯，知道了，刀大爷您快回去吧，记得喝点糖水醒醒酒啊。”洪山辉不耐烦地打着哈欠。

“喝什么酒，你买的那个狗鞭药酒难喝得很。”

“好好好，下次给你买白酒。”

“这还差不多！”

“那我回去了……”

“妈了个巴子的，老子要说的不是这个！”刀黑凤暴跳，“傻小子，你哥哥和你嫂子被别人下了咒你知不知道。”老头从旁边的黑色垃圾袋中提出了一件散发着恶臭的物体，令洪山辉不禁掩鼻后退，待他看清楚时，不由得吓得心惊肉跳——竟是一只腐烂发臭的死猫，牙齿露在外面，尸水与蛆不断地从猫身上滴落，软塌塌的舌头耷拉在嘴边不停地晃荡着，两只干瘪的猫眼无神地看着洪山辉……

不等洪山辉喊叫，老头已经扯下了死猫的一条前腿，让洪山辉看那青白色的腐肉，“这是一只被活活煮熟的猫，我找了一天，是在你哥家旁边的水渠边发现的……”

“那又怎样？现在虐猫变态很多的，这能说明什么问题？！”

“猫的肚子里有这个。”刀黑凤拿出了两张血迹斑斑的字条，当洪山辉看到字条上的内容后，不由得愣住了。

字条上写的是洪史志与小婉的名字与生辰八字……

但这并不能成为破案的关键。洪山辉皱着眉头看着刀黑凤这个有点疯癫的老头一筹莫展：“这是怎么回事？”

“黑猫会招来噩运，让人神志不清，这种恶毒的招数早已经失传，因为施用者自己也会招惹灾祸。”刀黑凤瞅了瞅那只死去的猫，“你赶紧调查，我这边也找人去问。时间不多了，估计他还会有下一步动作，如果不及时阻止，后果不堪设想。”

回到家中，妻子端来一碗热气腾腾的骨头汤，洪山辉看着碗底那些煮得发白的碎肉，忍不住到洗手间哇哇大吐。

“没事吧你，可能太累了。”李瑞拍打着丈夫的后背，“刚才你哥家里打电话过来，说你嫂子缓过劲来了。我有件重要的事情要跟你说。”

洪山辉洗了个脸，马上要出去，对李瑞说道：“回来再说。”

李瑞点点头嘱咐他早点回来。唉，最近家里怎么这么多事情，自己怀孕的好消息还没来得及告诉他，他就匆忙走了。

俞小婉见到洪山辉过来，有点尴尬，当时那情景的确让人尴尬，原来濒死的时候屎尿横流的感觉如此痛苦。

“你什么时候把你们的生辰八字告诉了别人？”洪山辉问道，生辰八字是关键。

“前两个月的时候，我妈拿着我们的生辰八字去合婚，就告诉了那个算命先生，算出来的结果是这桩婚姻凶多吉少，我妈当时不同意我们结婚，在我的一再坚持下还是结了……”俞小婉眼里含着泪水，“山辉，你相信我，我了解史志，他肯定是中了什么邪，你放心，他绝对不会杀我的，我也不会告他。拜托你跟你们领导说一说，放他出来吧。”

洪山辉正想着怎么想办法把苦命的哥从派出所里捞出来，俞小婉的母亲推门进来说：“总经理马上要过来慰问了，你们赶紧准备一下。”

大腹便便的总经理金浩军往床沿一坐，床便塌陷三分，果然是重量级的人物，还聪明绝顶，头顶上的头发稀疏，是“地方支援中央”的发型，他带来了一大袋子补品，总经理夫人兼财务总监也表示要俞小婉好好休息，茶厂里的事情暂时不劳她费心，已经安排了人替代她。

俞小婉感激地点了点头，表情有点受宠若惊。

一切都发生得这么自然，金浩军离开时，那意味深长的一笑，让洪山辉心里有不好的预感。哥哥和嫂子都是一个单位，他们的父母也都是在这个单位，四千多名员工的茶厂，这一个小小的事件竟然要惊动这样一个大人物，貌似有点小题大做。

等他们一走，俞小婉仿佛有点欲言又止。

“你还想起了什么？”洪山辉虽然不是刑警，但在警校深造过，职业的敏感促使他问了这样的问题。

“我总觉得不对劲，总感觉好像被什么东西上了身。”俞小婉的头往左偏，像在回忆什么。

“你等等，我去找个人来。”洪山辉想到了一个人，“我们换个地方说话。”

三

那次全厂组织去云南考察，也就是每年一次的旅游活动，正逢黑茶销售淡季，酷热无比。金浩军列出的考察名单里也有我的名字，这让我有点受宠若惊。

我们去的那片森林在云南，以前从未听说过，坐了两天的车，蜿蜒的山路，现在想起来都很后怕，忽然就看见成亩的茶叶郁郁葱葱，我心里很欢喜，也很兴奋。那主人是个年轻的男人，云南腔十足，要仔细听才能听得懂他在说什么，他很消瘦，说是喝了他们自己种植的茶叶减肥了的缘故。他请我们泡了温泉，又吃了烤肉，后来到房间拿出库存的茶来招待我们。

在透明的玻璃杯里，那些茶叶一根根立起来，碧螺春的清香弥漫了整间屋子，简直让人迷醉。一口喝下去，神清气爽，旅途疲惫尽消。第二泡喝下去，回味醇厚甘甜。第三泡喝下去，已是欲罢不能。

那个瘦的主人和我们相谈甚欢，总经理金浩军当场决定马上要引进这个原始的品种，拿样品的时候，那人顺手递过一个信封给我，里面沉甸甸的，应该跟我一年的工资差不多了。

但是我推了回去，我跟他说："回去以后我会进行化验，如果符合我们的要求，当然要大力引荐。"

总经理当时有点不高兴，拉着我到一边说话，说如果答应了人家又反悔，这里的土著会生气，后果会十分严重。我说："我不怕，我行得正坐得端。我不拿他一分钱好处，实事求是地做我该做的，他爱生气就随他。"

听完俞小婉讲述的云南一行的情况，坐在一旁的刀黑凤神色凝重地问："还有什么忘了说的没有？"

刀黑凤今天破例穿得比较干净，原因是洪山辉把他的衣服弄得整整齐齐，身上也没有那股难闻的溮水味。

俞小婉接着说道："临走那一天晚上有点诡异，除了吃的肉有些臭臭的酸酸的味道，总经理还组织我们几个女生集体去洗头了。"

"啊？臭肉？洗头？"刀黑凤一拍桌子，"你们完蛋了。"

"什么完蛋了？"洪山辉诧异地问。

"那不是臭肉，那是猫肉，黑巫术常常搜集别人的头发、胡须、指甲以及心爱之物，以备加害对方，还给你们吃猫肉，你肯定是被他们锁定了。"

俞小婉喝了一口绿茶，看着小餐厅外人来人往，叹了一口气："我心里其实也知道在劫难逃，因为回来的时候我开始做水培实验，发现他给的样品里有铅铬绿，还有铅，我们根本不可能拿这样的茶叶来销售，这些重金属在水中不能被分解，与水中的其他毒素结合生成毒性更大的有机物，会让买茶叶的人得癌症或一些怪病。我缺钱不缺德，这样的事情我肯定不做。”

“我们去找那个算命的。”刀黑凤沉着地说道。

说完，又吩咐俞小婉哪儿都不要去，在家静养，如果见到黑猫入屋，立即杀之，否则要危及生命。

这个城市里有算命一条街，洪史志的丈母娘凭着回忆找到了那个瞎子，刀黑凤一把抓过他：“巫山云雨在此，还不快快下跪！谁让你在这里助纣为虐，拿着人家的生辰八字去害人！”

那瞎子扑通一声跪地，抱着刀黑凤的双腿，磕着头：“巫爷爷饶命，小的也只是讨口饭吃罢了。”

刀黑凤一个耳光打过去：“说，你把洪史志夫妻的生辰八字卖给谁了？”

瞎子颤抖着说了三个字：“金浩军！”

洪山辉看着刀黑凤，一脸无助：“知道了是他又怎样，这又不能代表什么。”

“以其人之道，还治其人之身。老子这么多年蒙你照顾，你对我比我那个该死的儿子好多了。”

四

金浩军洗脸的时候发现一件奇怪的事情，他的上眼白布满了黑色小点，去看中医说是上了火，吃点消火气的药就没事了。

虽然这次茶叶的事情不太顺利，但后来换了个检验员就搞定了，三百多万的利润也算是对得起列祖列宗，谁知道最近身体却每况愈下，肚子没事就痛，胀得老大，去医院检查又说没问题。

更可怕的是今天大便开始拉血，血里还有几条小泥鳅，莫不是中了蛊？娘的，还有人给老子下蛊！金浩军擦了擦屁股，将那些活蹦乱跳的小泥鳅从马桶中冲了下去。

金浩军打了个电话给茶山主人，电话里传来确定的声音：“是的，你中了虫蛊，你按照我说的去做，一定可以解。以后再也不要来找我，我们钱货两清了。”

石榴皮加菠萝皮煮出来的水的味道实在不敢恭维，但金浩军为了活命，一口气就把一脸盆水给喝光了，肚子也胀得要命。

按照茶山主人的指导，金浩军用一根筷子迅速地戳了自己身上的几个穴位，一股恶心的感觉涌到喉咙，他赶紧跑到厕所里上吐下泻，各种各样的虫子都有，蟑螂、蜈蚣和毒蜂，其中最多的是泥鳅，有几条调皮的还从鼻孔里钻进钻出。

金浩军颤抖地按照茶山主人的方法，拿着筷子在那一摊污秽黏稠的黑色液体里左翻翻右拣拣，果然找到了问题所在。

那是一张字条，用水缓缓地冲洗，依稀能够辨认几个字——立即认罪，可免一死。

金浩军像一摊烂泥瘫倒在地上，等他打完那个电话，警车立即到了。沿着金浩军这条线，警察们去看云南茶山，但是等他们到的时候，那里早已人去楼空。

刀黑凤很是疑惑，除了儿子刀小刀，谁能解自己下的蛊？难道他没有死？不可能，判了死刑的。难道他越狱了？刀黑凤忽然一拍脑袋，儿子会祖传的闭气功，要越狱简直易如反掌，这天杀的还活着。

虽然是不要脸的该千刀万剐的儿子，但刀黑凤没有对洪山辉说出这些秘密，只是写了一封表扬信到市公安局，对洪山辉的表现进行了一番总结，信如石沉大海杳无音讯了。处理完这件事，刀黑凤就搬走了，没有告诉任何人。

洪山辉有点伤心，这个怪老头，也不告别一下就走了。

因为这个案件十分特殊，所以对媒体也没有放出消息，只是洪山辉受到了一个小小的表扬，工资上涨了五十元，也不错。

俞小婉最后还是跟洪史志离婚了，自从他从看守所出来以后，小弟弟就一直软得跟条毛毛虫似的，不做爱，哪有爱，离了得了，自己开了个茶铺卖茶叶。

洪史志在离婚那天趴在弟弟肩头哭得鼻涕眼泪到处都是。

弟弟洪山辉安慰道:“别哭了，你弟媳今天生娃，我得赶紧去医院。”

一小时后，在产房外的洪山辉焦急不已，不停搓手，不知道是男孩还是女孩。

医生从未见过这样的胎儿——生着两只像猫一样蓝幽幽的大眼睛，兔子般的三瓣嘴一张一合，小小的手里攥着两条巨大的蛔虫，扭动着啼哭，只有声音跟其他婴儿无区别，哇哇哇，哇哇哇。

这样的孩子，抱不抱出去给他父亲看?！ 悬疑志

Du Juan Wan

杜鹃丸

文 / 波西米鸭　图 / 七彩明明

一

悠扬的歌声在练习室里回荡着。

“为何不闻，我声声绝唱悲天泪？为何不见，我滴滴鲜血染红叶？为君啼血，为君陨落，化为片片绯红身败裂……”蔷茵唱着高音，夹带着无限哀凄又优美的嗓音让大家听得入迷。

“小茵，唱得太好了！”制作人兴奋地鼓掌，“这真是杜鹃儿的最佳诠释啊，女主角除了你以外没人能胜任了。”

“谢谢。”蔷茵扬着嘴角道谢。

“那今天先到这里了，明天记得准时来排练，距离《杜鹃啼血》这部音乐剧的正式演出已经只剩两周了，大家加油！”

音乐剧工作人员一一散场离去，蔷茵收拾好东西正准备走出练习室，合唱团的年轻女孩雨环忽然跑到她面前。

“小茵姐，你好厉害哦，可不可以教我怎么可以唱得那么好啊？我也好想演像杜鹃儿这种厉害的角色哦……你听听我的声音，看哪里要加强才能像你那么棒！”不等蔷茵回应，雨环拉开喉咙高歌，“为何不闻，我声声绝唱悲天泪……”

“好了！够了够了……”蔷茵不耐烦地挥着手，“你根本不行啦，声音是好听，但是没有力道，没有感情，没有灵魂，还早得很呢！别想什么杜鹃儿了，先把合唱练好再说吧！”她拎着包包往出口走去。

“哼，女主角了不起啊，那种口气……”雨环生气地瞪着她的背影，“你会后悔这样对我的！”

二

“咕咕……”鸟鸣声在阳台响着。

蔷茵回到家的第一件事情就是喂自己的爱鸟，那是之前爱慕者所送的礼物，据说是一种罕见的杜鹃鸟，有着比一般杜鹃更艳丽的色泽和更美妙的歌喉。

这只鸟也许为她带来了好运，本来唱歌不咋地的她，收到这礼物不久后就被选为这部全新制作的音乐剧《杜鹃啼血》的女主角杜鹃儿。戏剧内容是一个俗套的爱情故事，女主角和男主角在不被允许的情况下相恋，于是女主角被陷害下咒变成了杜鹃鸟。她每天在男主角窗前啼叫，但是始终没有被男主角发现，直到力竭吐血而死，鲜血把枫叶染红。

“叮咚！”门铃响起，“游蔷茵小姐，有你的包裹，没署名。”

“哦，又是仰慕者的礼物吗？”她欣喜地收下，拆开后里面是一包喉糖，“真体贴啊，知道我每天唱得很累。”

蔷茵开心地拿出一颗含入口中，糖浆流入喉间……

“啊！”她忽然感觉到喉咙和口腔一阵烧灼般的剧痛，连忙吐出喉糖。

“到底怎么回事？”她听见自己嘶哑的声音，顿时觉得自己完蛋了，她被陷害了！

蔷茵立刻去就医，虽然没有生命危险，但是喉咙和口腔已经有灼伤，短时间内不可能有美妙的声音可以歌唱了。那包喉糖里面有着强酸的成分，却没办法追查出究竟是从哪来的。

“可恶……怎么办？”蔷茵痛苦地听着自己老人般的声音，两个礼拜后将是人生最风光的机会，要上场让世界观众听见自己的歌声，但没想到竟然在这时候发生这种事情，这样不可能上场，甚至歌唱生涯可能就此告终了。她越想越悲、越恨！

“嘭嘭……”蔷茵忽然听见敲窗子的声音，回过头，只看到一个青绿色的身影闪过。当她开窗往外看，什么人都没看到。

“奇怪……”她忽然注意到窗台上遗留着一个古老的本子，上面写着：温青爷密传药方。

“这是什么啊？”蔷茵打开翻了翻，忽然一个叫“杜鹃丸”的药方名称吸引了她的目光。

“功能主治：清晨服一粒，如养杜鹃于喉间，时时供食养育，则哑者可言，瘖者可歌，声柔细如燕、曲婉转若莺。”这意思是吃了连哑巴都能讲话唱歌？真的有这种药方？

她接着看用料配方：“处女声带一副，杜鹃鸟一只，新鲜剁碎，辅以三药草，以树薯粉沾水搓揉成丸，整颗生吞勿咀嚼。”

“这……什么啊？”蔷茵摇头，“怎么可能会有这种药……虽然有杜鹃……可是声带……算了，没必要相信这个。”她丢下药方，出了门，想去求助其他的名医。

三

在去其他医院的路上，蔷茵经过一间咖啡厅，眼睛的余光无意间瞥进了咖啡厅里，赫然发现里面正坐着两名合唱团的团员，其中一个就是白天向她讨教的雨环。

蔷茵此刻心情非常郁闷，没什么心情答理她们，看了她们一眼后，便继续往前走，结果人没走两步，耳边就传来了雨环的说话声：“哈哈……我跟你赌，明天那个自以为是的杜鹃儿就会变成乌鸦儿了。”

蔷茵一听这话就觉得不对劲。

“她怎么可能知道我的事？莫非……”蔷茵想到白天的时候曾经严苛地批评过雨环，“她竟然为了这种事害我？”

蔷茵难以置信，但是不管怎么说雨环都脱不了干系，她越想越怒不可遏，双手不由紧握了起来……不过她还是忍住了冲动，悄悄地坐在附近等着，直到雨环和朋友走出店门口道别以后才悄悄从后面跟着她，一路到了一处暗巷。

“嘿！”蔷茵对着雨环喊着。

“咦，你怎么会在这？”雨环回过头，神色惊慌。

“为了找你算账……”蔷茵嘶哑的声音显得异常恐怖。

“不要啊，离我远一点！”雨环用力一推，让蔷茵撞上了墙壁，然后自己拔腿就跑……

“别想逃！”蔷茵被这一推，更是愤怒得失去理智，一面快跑追了上去，一面拿出包包里的修剪指甲和头发的剪刀，“去死吧！”追上的那一瞬间，蔷茵把剪刀用力往雨环的后颈刺了下去！

“呜啊！”一声哀号后，雨环倒在地上，身体蜷曲抽搐……接着便一动也不动了。

“啊……”蔷茵握着沾血的剪刀，逐渐意识到自己杀了她，不由惊慌起来，“不是我的错，她自己该死……”

蔷茵看着地上没有动静的少女身体，忽然温青爷药方中的字句再次浮现在脑海中——处女声带一副……

“这或许就是天意吧，这样材料都有了，也许我真的可以靠这神奇的药方治好喉咙……能够在舞台上演出全世界最完美的杜鹃儿！”蔷茵情绪激动，她蹲下身，剪刀再次刺入雨环的尸身，剪破了喉咙。她染满鲜血的手指剥开皮肉，挖出声带，然后利落地剪下……

“让你的身体来替你赎罪吧。”蔷茵手上紧握鲜血淋漓的声带，连忙跑回家。

“咕咕咕……”蔷茵一踏进家门，就听见了响亮的鸟啼。她举起被鲜血染红的手擦着苍白额头上的汗珠，冰冷锐利的眼神投向自己心爱的宠物……

“对不起，身为杜鹃就是要为了鸣叫而死……为了我的声音牺牲吧，我会把你最美的声音用我的喉咙呈现给世人的，让我们一起完成这千古绝唱吧！”她露出诡异的笑容走向厨房……

四

“搞什么鬼！”练习室一早就听到制作人高声抱怨，“合唱团一个被杀害，女主角喉咙被烧伤……这样我们的剧怎么演下去啊？女主角得尽快选出可以替补的人……”

“不用了！”休息室大门被用力打开，蔷茵高声说着，“我已经好了，可以继续唱。”

“小茵……真的可以吗？听说你的状况很严重……”

“哼，当然可以，你听我现在的声音

好得很，不然我来唱一曲。”

制作人发觉蔷茵声音确实清澈洪亮，但觉得好像和之前的音色有点不同。

“好，就来一段吧！”

“嗯。”蔷茵清了一下喉咙。

她前一天晚上照着药方上杜鹃丸的制作方法，把爱鸟和雨环的声带做成了药丸。药丸相当大，不过药方上既然写着要整颗生吞，她只好把整颗大药丸硬吞下去。吃进去后，她一度觉得喉咙疼痛，快要被噎住，但是神奇的是即使吞不下去，喉咙间的异物感却渐渐消失了，药丸忽然好像融到身体里一样，没有沿着食道落入肠胃的感觉。

吞了药丸不久，蔷茵发现自己的声音变得不大一样，不但不再嘶哑，音色还相当动听，她发现自己可以更加灵活地转音，也能更轻易地唱出高音，无论唱多么嘹亮都不觉得费力。

“……声柔细如燕，曲婉转若莺……”蔷茵想到药方上的注解，惊讶地察觉到她的歌声竟然真的比原来更加优美、动听！

悠扬响亮的余音撼动着整个练习室，到歌曲结束的时候，所有人还沉浸在那音色与旋律之中，久久不能自已。

“太棒了，太完美了！”制作人激动地上前握住她的手，“这出剧一定可以靠你而大红大紫的！”

“当然啰！”蔷茵得意地笑着，“不过不好意思，虽然已经迟到了，但是我还没吃早餐，可以先离席一下吗？”

“好，没关系。”

蔷茵其实刚吃过早餐，但是不知为何只要一唱歌后就感觉到异常饥饿，她到最近的早餐店，像个饿死鬼一样一口气买了十人份的餐点，不顾形象地狼吞虎咽。

怕练习到一半又饿了，她还外带了好几个烧饼和三明治。但是不到傍晚就全吃完了，她饿得四肢无力，硬撑到休息又赶紧吃了十人份的晚餐……

五

到《杜鹃啼血》演出的当天，两周的练习已经让蔷茵自信满满地期待着这一刻。

舞台上的蔷茵尽情地引吭高歌，台下的听众果然听得如痴如醉，每一曲结束都报以惊呼与掌声。

一回到后台，蔷茵则不顾吃掉唇膏地猛啃着面包，让一同演出的其他演员都傻眼了。

“别吃了，把妆补一下，待会儿就是最后的场景，要完美地让观众惊艳啊。准备一下，快！”制作人催促着，蔷茵才不情愿地放下食物。

当聚光灯再次照亮舞台，蔷茵已经准备好表演化为杜鹃的女主角的千古绝唱。在观众屏息的静谧中，蔷茵缓缓地让轻柔的声音从那不属于自己的声带中流泻出来……

如同鸟儿般千回百转的声音，从温柔到响亮，再从激烈澎湃渐渐哀叹悲凄，无限的惆怅从那圆滑却掺杂着颤音的歌声中释出，淹没了台下所有的观众。

但是此时蔷茵觉得饥饿不已，身体也越来越虚弱，浑身发冷，四肢发软，视线也越来越模糊……她已经无力再唱下去了，但是她自己的声音却仍然充满能量地不断高歌着，想停都停不下来！强烈的恐惧随着寒冷渗透她全身……（不……）

“为何不闻，我声声绝唱悲天泪？”歌声失控地疯狂凄厉地响着。（快停下来啊，我受不了了……）

“为何不见，我滴滴鲜血染红叶？”蔷茵感觉到喉咙如同烧灼般剧痛，她双手抓着自己的喉咙，声音却依然流泻。一股温热的湿黏从她嘴角溢出……

“为君啼血，为君陨落……”鲜血沾湿蔷茵的嘴角和下巴，甚至染红衣襟，喉咙与口腔的剧痛让她跪倒在地，紧掐着自己。观众以为这是制作人精心安排的剧场效果。

“化为片片绯红身败裂……”最后的尾音疯狂飙高，就像要摧毁众人的耳膜，也碎裂自己的生命！

更多的鲜血从蔷茵的口中涌出，嘴角往两旁开始裂开，一个红色的东西从蔷茵口中钻出来！

“啊！”大家这时才察觉不对劲，纷纷惊呼。

只见一只沾满血肉的怪鸟从已经气绝的蔷茵口中爬出，它有着杜鹃的身形，头部却有点像人脸。高音持续从它张开的鸟喙中发出，接着怪鸟展开染红的双翼，随着声音的终止振翅飞向天际而消失踪迹，留下舞台上为了歌唱而死的蔷茵。悬疑志

地狱之门

Di Yu Zhi Men

文/庄秦 图/七彩明明

一

如果你的老板没有任何亲戚，你又是他唯一的员工，你知道老板所有的客户资料，也知道进货渠道，有一天你忽然发现老板死了，那么你该怎么办？是打电话通知各位客户，还是狠下决心，干脆将老板的位置取而代之？

现在我就遇到了这样的问题。

冯老板躺在餐厅的地板上一动不动，因为机缘巧合，我曾经进修过一些急救常识，探了一下他的鼻息，又摸了摸颈动脉，确定他已经死亡了。其实我来到冯老板的这家沙县小吃店打工，只有三天时间，但我却搞清楚了他所有的客户资源——他这家小店生意清淡，门可罗雀，根本就没什么客人。进货渠道更是简单，不过就是每天清晨乘车去附近三站外的一个菜市场买菜而已，如果换作我，肯定能找到更便宜的进货渠道。

刚才为了通知他的亲戚，我从他的衣兜里翻出了手机，打开看了看，电话簿里却一个号码都没有，拨出、拨入的号码也是空白。如此说来，他连一个亲戚都没有？而事实上，这三天他没打过一个电话，也没接过一个电话。

我的脸上浮现出一丝浅笑。

不如，我来当老板吧。我曾在市区里那家著名的蓝鸿技校学过厨艺，还拿到一张结业证，三天前正是凭这张结业证，我才在冯老板这儿找到了工作。

几分钟前，我还在厨房里用两把菜刀使劲剁着砧板上的五花肉，好不容易剁成一堆肥瘦均半的肉泥，然后盛进托盘，端着托盘走入餐厅请冯老板过目的时候，却发现他躺在地上已经死了。

而三天前我第一次走进冯老板的店里，并非为了找工作，只是想吃顿饭罢了。没想到他煮的那碗大肉馄饨，肉没剁碎，馄饨皮擀得太薄，一入热水就破，作料里也没加胡椒，葱花还不新鲜，肯定在冰箱里放了很久。

我愤怒地把老板叫来，这位姓冯的肥胖老头赶紧道歉，并同意免单，但我却不依不饶地大叫："如果你手艺不好，就不要出来开店！难怪你的生意这么差！迟早会关门的！"

确实如此，整间店内就我一个顾客，而且我还因为味道太差，几乎和冯老板大吵了一架。

听到我的话，冯老板皱起眉头，他想了想，自言自语道："是啊，要是这里味道太差了，好像也显得我不太像老板……可是，怎么办呢？"

于是我心念一动，从背包里摸出了那张蓝鸿技校发的厨师结业证，成了这家店的唯一员工。

而现在，我马上就可以成为沙县小吃店的老板了。

在成为老板前，我还有一件事需要处理，那就是冯老板的尸体。

透过餐厅大堂的落地玻璃窗，我朝外望去。窗外是一处荒凉的三岔路口，通往不同方向的三条路将这块地均匀分割成三块。这家沙县小吃店占了一块地，左边那块地也只有一个小小的售货亭，招牌上写着"绝味鸭脖"，生意很清淡。右边那块地则矗立着一幢四层高的水泥筒子楼，只有一个门洞，但楼里每间房的阳台上都挂满了衣服。在门洞外，挂着一块破旧的木板，上面写着“蓝鸿技校三岔口分校”。

在蓝鸿技校的门洞外，有一个用头巾把脑袋裹得严严实实的清洁女工，正小心翼翼抬起路边的垃圾筒，把里面的各种垃圾倾倒进箩筐里。

记得我曾经问过冯老板，为什么选择在这儿开沙县小吃店。他回答，因为这里靠近著名的蓝鸿技校，技校长期招生，生意特别好，他觉得在这儿开小吃店，一定能吸引很多技校学生前来用餐。不过，等他开好店，才知道那幢蓝鸿技校的教学楼里，有自办食堂，而且味道还不错，技校又是封闭式管理，学生平常根本出不来。

冯老板这才明白，自己这家小吃店铁定扑街（完蛋），但房租都交了一年，不撑下去也不行呀。

不过，要是换成我当老板，大概就是另一回事了。因为，我根本不在乎这家店能不能挣钱。

对了，我说到哪儿了？嗯，我得先将冯老板的尸体处理掉。

如果我打电话把殡仪馆的黑厢车叫来，别人就会知道冯老板已经死了，我也就做不成沙县小吃店的新老板了。所以，我必须想另外的办法处理尸体。拿菜刀把他的尸体砍成一截一截的，或者切成一片一片的，塞进黑色塑料袋里，送到远离此地的荒郊野岭埋入土里，应该是个很好的处理方式。

于是我拉开了餐厅的玻璃门，朝街对面那个倾倒垃圾的清洁女工大声叫道：“垃圾婆，过来一下，帮我处理一下泔水桶！”

二

翩依埋着头走入店内，看到地上躺着的尸体，不由得轻声发出一声惊呼。

我嘿嘿一笑，对她说：“看到了吗？真是天助我也，现在冯老板死了，我们就能成为这家沙县小吃店的新老板了！”

翩依立刻明白了我的意思，她扯下裹在脑袋上的头巾，忽闪着眼睛问我：“这么说，我不用再做垃圾婆？可以当沙县小吃店的老板娘了？”

我点了点头，她扑了上来，在我脸颊上印了一个重重的红色唇印。令我惊讶的是，她沉浸在喜悦之中，竟然对地板上的那具尸体没有产生一丝恐惧。

翩依是我的女友，她到这处三岔路口来当垃圾婆，也只有三天时间。用她的话来说，她一定要离我近一点，最好一刻都不要分开。我们一起来开这家沙县小吃店，岂不正是最好的职业选择？

在创业之前，我们还是得面对脚下的这具尸体才行啊。

所以我原原本本给她说完了我的计划。她听完后，没有反驳，只是默默地走进厨房，然后拎着两把菜刀回到了餐厅里——她总是那么善解人意。

我们一起把尸体拖进了餐厅卫生间里，再拉下卷帘门，在门外挂了块写有“今日盘存”的牌子，又合拢了落地窗上的窗帘。我们没有急着分尸，根据我以前学来的知识我知道，尸体搁上一小时后会出现尸僵，也就是尸体僵硬，全身血液凝固，分尸时就不用担心会鲜血四溅了。

一小时后，我戴上口罩，走入卫生间，抡起菜刀，向冯老板的尸体砍了下去。刚砍了一下，就听“啪”的一声，菜刀因为砍到骨头而卷了刃。

这三天我剁肉馅的时候，就总觉得厨房里那两柄菜刀不是很好用。果然，冯老板买到了伪劣产品。

“怎么办？我出去买菜刀？”翩依关切地问道。

“不用了。”我答道，“好像冯老板还有一柄菜刀，但是放在阁楼里，我曾经偷偷看到他在阁楼里赏玩菜刀……”

“菜刀有什么好赏玩的？”翩依不解地问。

我攀上小吃店阁楼，在冯老板放在那儿的一堆纸箱里翻了一会儿，果然找到了一柄菜刀。

这把菜刀厚朴、坚硬，刀刃上泛着一道暗红色的光芒。我轻轻抚了一下冰冷的菜刀，却惊奇地感觉手中触到了一丝凹凸感。再仔细一看，菜刀刀面上似乎刻了几个字。好奇之下，我用手指重重擦拭着刀面，片刻之后，刀面上真的出现了几个清晰的手写字：

人民英雄——××赠。

抱歉，我必须虚化刀面上刻着的那个人名，因为他是一位值得我敬重一辈子的人。

看着刀面，我长久说不出一句话来。直到翩依也攀上阁楼，我才缓缓说道：“有点不对劲，冯老板好像是我们的同行。”

我也有同样一把菜刀，刀面上镌刻着“人民英雄——××赠”的字样。但那把刀我从不轻易示人，一直珍藏在箱底。

我并非急于找到工作的无业游民，翩依也不是什么清洁女工。我俩都隶属于一个常人从未听说过的秘密部门。在那个部门，我们研究各种未解的神秘事件，比如四川僵尸事件，比如罗布泊双鱼玉佩事件——如果你没听说过，很正常，因为这些事件本来就极端保密，甚至根本没有确定解密年限。

一周前，京城某家大型博物馆发生一桩离奇失窃案，七件国宝级文物被盗，虽然仅用二十四小时便捉获了盗贼，却只追回其中两件文物，另五件却不翼而飞。那盗贼说，他把另五件藏在了博物馆里的垃圾箱内，准备日后再带走，但警方搜索垃圾箱后，却一无所获。

这件事之所以会惊动我与翩依所处的秘密部门，是因为那七件宝物均出自西南山区的某座古墓，而古墓中却藏有某种令我们部门感兴趣的玄机。具体的，我不太清楚，我的权限还不足以知道每件神秘事件的真相——但丢失的那五件宝物，似乎与民间流传的“鬼门关”有关。

俗语有云：“鬼门关，平安无事；鬼门开，天下大乱。”七件宝物均由青铜制成，能够相互感应，齐聚一处的话，将发出铁器轰鸣之声。从古墓中发现的羊皮卷则以篆书与甲骨文相混合，记载了如果将七件宝物以特定的阵势搁在一起，便能化为打开鬼门的钥匙。

当然，我并不相信这种怪力乱神的说法，虽然我们部门研究的就是此类神秘现象，但在羊皮卷里并没说明以何种阵势搁在一起，所以我们认定那只是前人无聊的志异笔记罢了。

不过，正因为七件宝物相互靠近之时，确实能发出铁器轰鸣之声，所以上级将追回的那两件宝物的任务分别交给我和翩依，然后在京城里四处闲逛，希望凭借宝物的异动，查找另五件宝物的下落。

而我们正是在三天前开车经过这处三岔路口的时候，发现身上的宝物开始发出奇怪的声响。于是我下了车，走进了路边的沙县小吃店，凭借一张在蓝鸿技校的厨艺结业证，寻到一份工作，暗地寻找另五件宝物的下落。

我与翩依是误打误撞才找到这儿来的，因此我很不理解，为什么冯老板也一直潜伏在这处三岔口？他在调查什么？这里就三幢房子，他调查的是绝味鸭脖店，还是蓝鸿技校？

我与翩依看着冯老板的那把菜刀，对视一眼后，忽然听到楼下传来奇怪的动静，似乎有人拉开了沙县小吃店紧闭着的卷帘门。

我和翩依偷偷从阁楼探出了半个脑袋，透过木楼梯的缝隙，正好可以看到餐厅的玻璃门。

玻璃门外的卷帘门被人粗暴地拉开，随后玻璃门也被推开。紧接着，一个剃着光头的中年人弯腰走进了店内。我见过这个人，他是对面绝味鸭脖店的小工。他偷偷摸摸地跑到我们沙县小吃店里来干什么？难道不知道同行是冤家吗？

还没等我惊讶完毕，那个绝味鸭脖店的光头小工又兀自拖着一件东西，一直拖进了我们的店里。当我看清他拖的是什么东西时，立刻禁不住心惊肉跳，心脏都差点儿从嗓子眼里蹦出来了。

他拖着的竟然是一具尸体——是对面那家绝味鸭脖店的老板。我记得，那老板姓马。而那光头小工此时突然抬起头，冲着我们的店内大声叫道："青瓜，垃圾婆，你们可以出来了！我也是十一处的！"

我愣了愣，十一处就是我与翩依供职的那个秘密部门在内部的编号，而我在十一处的代号便是青瓜，翩依的代号则是垃圾婆。

难道这个绝味鸭脖店的小工，竟也是我的同事？我满面狐疑地牵着翩依的手，下了阁楼。那个光头小工则从衣兜里摸出一件东西，"啪"的一声扔到了地板上。是一柄菜刀，刀面上刻着一行字："人民英雄——××赠。"

"这是从马老板的抽屉里找到的。青瓜、垃圾婆，我还没自我介绍呢，我叫灯泡。"光头朗声说道。

也别说，他的代号，与他的形象还蛮相符的。

灯泡向我出示了他在十一处里的工作手册，看了他的手册，我才知道他在处内的地位，远远高于我和翩依，大概只比我们领导矮半级而已。

"垃圾婆，现在请你对这两具尸体进行解剖吧。我知道，你有法医资格证书。"灯泡冷冷地向我们说道。

每个进入十一处工作的特殊工作者，都有各自擅长的领域，比如我最擅长的是自由搏击，而翩依擅长的则是医学解剖。

翩依出了沙县小吃店，在她停靠在店外的垃圾车里摸索片刻之后，带着一只便携式多功能手术箱回到了店内，趴在地上开始对冯老板和马老板的尸体进行解剖。她忙碌的时候，我则提问："灯老师，请问马老板是怎么死的？"

灯泡撇撇嘴，答道："他是突然之间死的。他只死了一会儿，我便看到你把垃圾婆叫进了沙县小吃店里，然后拉上了卷帘门。如果我没猜错，马老板和冯老板应该是同时死亡的。"

"同时死亡？你怎么知道冯老板死了？"我惊声问道。

灯泡正色道："不然，你以为那七件宝物是用来做什么的？"

七件宝物？开关鬼门的钥匙？我似乎隐隐明白了什么。

这时，翩依抬起头，满面诧异地对我和灯泡说道："好奇怪哦，两具尸体的心脏都莫名其妙不见了……完全没有出血，更没有手术切割痕迹，就是莫名其妙不见了……”说完后，她的脸上浮现出一丝恐惧。

听了她的话，灯泡也不由得倒吸了一口凉气。但随后，他站了起来，朝着地上那两具被剖开了胸膛的尸体，恭恭敬敬鞠了三个躬。我则喃喃问：“这……这究竟是怎么回事？”

三

“好了，青瓜、垃圾婆，你俩跟我到蓝鸿技校里去一趟吧……”

“蓝鸿技校？去那里干什么？”我好奇地问。

“去把那几件宝物取回来。剩下的五件宝物，有一件藏在绝味鸭脖店里，另外四件则藏在蓝鸿技校教学楼不同的楼层中。”

“什么，绝味鸭脖店里有一件宝物？蓝鸿技校里还有四件？鸭脖店里怎么会有呢？难道马老板就是偷走宝物的人？”

灯泡摇了摇头，并未作答，而是领着我和翩依，出了沙县小吃店，穿过马路，来到蓝鸿技校的门洞前。然后他从衣兜里摸出一把钥匙，打开了技校门洞前的一扇铁门。

他回过头对我们说：“你们是否曾经注意过，不管在祖国的什么地方，只要有绝味鸭脖店的地方，在不远处总是默默地开着一家沙县小吃店？”

还真别说，以前我确实没注意过这个问题，但仔细想一想，似乎还真是如此啊。

在蓝鸿技校教学楼里，我竟然一个人影也没见着，见我东张西望，灯泡冷冷地道：“不用看了，这里本来就是一幢空楼。”

“可是，我看到每个阳台上都挂满了衣服啊！”翩依大声说道。

灯泡转过头，瞪了翩依一眼。作为十一处的特殊工作者，听了灯泡所说的那句话，自然就会明白，阳台上挂着的衣服都只是伪装而已，就不用再多问了。

我们走了四层楼，分别从几间屋里取回了四件青铜宝物。

“现在你们应该明白是怎么回事了吧？七件宝物，必须按照一定的阵势进行摆放，才能产生不可思议的效能。这处三岔路口的三幢楼，都是特意按照一定距离建造的，五件宝物早就放在技校大楼和绝味鸭脖店里了。青瓜，你真以为就凭开车带着两件宝物瞎转悠，就能找到这儿吗？如果不是上级为你划定了一个搜索范围，你能找到这儿吗？”

我想起来了，正如灯泡所说的那样，在开车寻找宝物感应的时候，我的上级确实给我规定了一条行车路线。

对了，难道我进入沙县小吃店，也是上级安排好了的？沙县小吃店与绝味鸭脖店的人，也是我们十一处的特殊工作者？

当我提出这个疑问后，灯泡的脸色顿时变得极为严肃。

“青瓜、垃圾婆，冯老板和马老板他们各自属于不同的民间秘密组织，但他们的组织都是为国家利益和人民服务。我们这次的‘鬼门关’实验，他俩是主动申请加入的！”

“鬼门关”实验？这是怎么回事？我看着回收的那五件宝物，还有我和翩依各自携带的那两件宝物，顿时愣住了。

四

在西南山区那座古墓里出土的羊皮卷里，其实详细记载了如何令七件宝物制造出鬼门关钥匙的具体阵势，但因为种种原因，在破译羊皮卷之前，七件宝物已经被送入了博物馆展出。

十一处为了证实这七件宝物是否真能制造出鬼门关，于是特邀民间组织的高人，夜潜博物馆，盗出七件宝物，却故意留下了两件。随后，将五件宝物分别放在了三岔路口旁的蓝鸿技校大楼、沙县小吃店与绝味鸭脖店中。最后，再把追回的两件宝物交给了我和翩依。

按照羊皮卷上记录的方位与距离，在那五件宝物各就各位的情况下，只要我站在厨房里，而翩依正好在蓝鸿技校大楼外站着，七件宝物就会联袂起效，互相感应，制造出鬼门关。鬼门大开之际，藏于幽冥的死神便会游荡而出，取走附近人等的性命。我、翩依和灯泡，因为贴身带着各自的宝物，所以死神不会摄走我们的性命，而是选择了马老板和冯老板。

过了很久，我才忽然想到一个问题：“灯老师，这七件宝物，接下来要如何处理？”

灯泡却长长叹了一口气，领着我们上了一辆车。他手扶方向盘，一言不发，默默地领着我们向城区驶去。当轿车经过一座大桥的时候，他忽然停下车，对我们说：“上级指示过，如果七件宝物并未制造出鬼门关，那就把宝物全都送回博物馆继续展出。如果真能制造出鬼门关，放出了死神，那么——”

他突然缄口不言，默默摇下车窗，把手中的宝物向桥下扔去…… 悬疑志

Qing Ren Guo
情人果
文 / 紫薇朱槿
图 / 七彩明明

传说中，在子虚市乌有路缥缈巷里，如果沿着一条青石板路走到尽头，你会看到一座极小的神殿，打开门，一位穿着白色汉服的清丽魔女会漫不经心且语气清冷地说：“欢迎光临魔女堂！”只要你肯付出代价，你的任何愿望都有可能实现……

一

“欢迎光临魔女堂！”清冷的声音突兀地出现在空旷的殿堂里，把刚进来还没有适应阴暗的万蓉吓了一大跳。一个穿着白色汉服的淡妆美女像刚从画中袅袅走出，长袖一挥，屋里的蜡烛齐齐点亮。万蓉总算恢复了正常的视力。

“我是魔女魔晴。你有什么问题需要魔力解决吗？”

“原来真有魔女堂！我还以为这只是都市传说！”一脸阴郁的万蓉瞪大了眼睛。转眼，她咬牙切齿，歇斯底里地喊道：“我要报复那个臭男人！”

这又是一个很老套的痴心女子负心汉的故事：万蓉把最美好的六年青春浪费在了李克泽身上，这个男人却勾搭上了某个有钱的中年女人，同时还在口口声声说爱万蓉，如果不是万蓉某次巧遇李克泽跟那个女人在公园里当众亲吻，还不知道自己被劈腿了呢。她火冒三丈地质问李克泽，导致二人大打出手，最终分了手。

魔晴淡然地问道：“那么，你想怎么报复他？杀死他？还是改变他的心意让他重新爱上你？”

万蓉的怒火被魔晴的轻描淡写扑熄了，她想了又想，支支吾吾起来：“杀死他固然好，可人一死百了，不能解我心头之恨；改变他的心意可也没什么意思，强扭的瓜不甜，他别扭，我也别扭……”

看出万蓉杀意中尚带着一丝不舍，魔晴微微一笑：“能找到这里即是有缘，要不要我帮你，既能报复他解恨，又能重新找回一个对你百依百顺永远爱慕的男人？”

万蓉毫不犹豫地点头道：“要！”

魔晴递给她一粒黑黝黝的种子：“这是情人果的种子。把那个男人杀了，把种子种在他的心脏里，人的血肉会供给种子成长的营养，直到长成一米高的小树，树上一共会结出六个白色果子，分别酷似人的头、躯干和四肢。待尸体被全部吸收只剩下心脏时，情人果就完全成熟了。你把果实摘下来，按人形拼凑好，五个接缝处用你的血涂满不留缝隙，然后在躯干的心脏处挖开一个洞，把那个男人的心脏放进去，情人果就会变成一个对你百依百顺的李克泽，永远不会对你变心，是一个顶着李克泽身份却拥有全新心态的男人。"

万蓉激动了起来，她接过种子，开始幻想一个有着李克泽的一切特征却对自己柔情万种的男人，她不由陶醉了起来，对魔晴提出的种子价五千元毫无质疑。魔女堂设施齐全，连现代化的POS刷卡机都有。

刷过卡，魔晴微笑着取出一根手指粗细约十厘米高的红蜡烛，并递给万蓉一把刀把上刻着象形文字的小刀："请把你的名字刻在蜡烛上，每个与我签订契约的人都会拥有一支魂烛，它的亮度象征你的灵魂纯洁度。"

万蓉依言而行。魔晴又取过小刀，在万蓉小指上轻划了一个口子，万蓉尖叫了一声，看到自己的血从指尖滴落到蜡烛芯上，蜡烛似被血点燃，呼地着了，火苗殷红，如血如豆，亮得不可思议。

万蓉如痴如醉地捧着芝麻大小的种子离开了。魔晴看着她的背影，叹了口气。她走进内室，把魂烛放进一个小首饰盒里。让人惊奇的是，那个巴掌大的做储物用的盒子里竟然装了上千支魂烛，有红有绿，烛身都刻着几乎看不见的小字，烛火深浅不一，蜡烛本身却似永远也烧不尽。

半天后，万蓉气急败坏地跑了回来，看起来像是从最初拿到种子的狂热劲中清醒了过来。"我邻居告诉我，这只是粒普通的草种！你骗我！"她把种子带回家，邻居看到，她谎称是菜种，种过庄稼的邻居却这样告诉她。

魔晴微微一笑，接过种子，将它扔进了烛火中，奇怪的是种子并没有燃起来，她捡了出来，又随手扔在地上，接着用铁锤使劲砸种子，结果种子安然无恙。在万蓉越来越惊奇的眼神中，魔晴再次划破了万蓉的手指，滴了两滴血在地上。种子立刻无风自动，迅速地滚向血滴所在的地方。魔晴眼疾手快，抹干地上的血迹，种子在地上滚了几滚，又不动了。

"明白了吗？这是附有魔力的种子，刀枪水火不侵，唯对人的血肉有反应，所以不要用常理来看待它。"

万蓉愤怒而来，羞愧而去。

二

“我想通了，大吵大闹实在太不理智了。我们相恋六年，好聚好散，今晚来我家，我准备了你最喜欢的红酒，让我们大醉一场，友好分手吧。”

万蓉刻意示好的一通电话把对她尚留余情的李克泽叫到了家中。

倒霉的李克泽怎么也没想到，那瓶价值一千多元的红酒里，万蓉特意为他加了“好料”，喝完不过十来分钟，万蓉的脸色从笑靥如花变成了阴冷似冰，李克泽也同时昏倒在万蓉脚下。

万蓉冷笑着把李克泽拖进了浴室的浴缸里，用枕头闷死了他，然后毫不犹豫地用刀子划开了他的胸膛。心脏虽然停止跳动，但鲜艳殷红，似乎随时都会再度跳动。万蓉哼了一声，把心脏戳了一个小口，然后把种子放了进去。种子一接触到血肉，立刻自动胀大，把心脏的缺口补满，然后抽出了浅白的芽。

李克泽的失踪无人知晓。万蓉家的浴缸成为情人果的花盆。李克泽的身体不腐不臭，只是随着情人果树的抽苗生长而不断缩小。才一周的工夫，树就长到了一米高并结出了六个果实。果实一开始只有杏子那么大，一周后，果实变得有大有小，浅白泛红，像极了人的肌肤，而且形状也变得越来越像人的头、躯干和四肢。又过了三天，头形果已经能看出李克泽的五官了，此时李克泽的尸体已经缩小皱巴成西瓜大小。到周末时，情人果终于完全成熟了，李克泽的尸体完全被吸收，只剩下情人果树根部的心脏，但仍然鲜艳殷红如昔。

万蓉欣喜地抚摸着头形果，果实上眼睛仍是闭着的，但栩栩如生，似乎随时会睁开眼，对她说一声“亲爱的”。她摘下轻盈饱满的果实，把它们按人形拼凑好，又割开自己的手掌，用鲜血涂抹头、躯干与四肢之间的缝隙。人血如上好的黏合剂，将零碎的肢体黏合成完整的人身。

情人果树在果实被摘下后，立刻枯萎干燥成粉，最终只剩下完好如初的心脏。万蓉如捧珍宝般亲吻着李克泽唯一留下的遗物——心脏，然后将心脏埋进了情人果做成的躯体里。

心脏一接触到身体内壁，立刻活了似的，抽枝散叶地蔓延出粗细不等的血管钻进了身体内。“扑通扑通”，心脏跳了起来，强劲而有力，仿佛从没有停止过跳动。随着心脏的跳跃，血液开始在身体里流动，那淡粉色的肌肤变得更加有活力，可以看到皮肤下青紫色的血管。

睫毛轻轻抖了抖，人形果实睁开眼。不，此时应该称它为李克泽了。李克泽对正对着他目瞪口呆一直以为自己在做梦的万蓉甜蜜笑着："亲爱的，不要这样瞪着我，我会以为我突然变成了万人迷帅哥。"

万蓉惊喜地扑进了李克泽的怀抱里，涕泪交零。

从此，万蓉和李克泽过上了童话般的幸福生活。王子对公主嘘寒问暖百依百顺，要逛街，随时奉陪；要刷卡，眉都不皱；要上床，包君满意；要做家务，大小包办。李克泽对万蓉的好，被她的女友们称为"新时代天下第一孝"。

然而半年后，万蓉感觉到了烦恼。李克泽太完美了，完美到他可以用种种理由来讨好万蓉，到了卑躬屈膝，无所不用其极的地步。

万蓉和女友们去夜店，用不了多久，李克泽就会借口她的安全问题而赶到，一副护花使者的架势，令万蓉的女友们吃味儿（吃醋），还逼退了各种意欲搭讪的男人——实际上万蓉并不讨厌这些搭讪者，在夜店无人问津的女人是令人悲哀的，而李克泽打破了万蓉成为夜店女王的所有幻想。

万蓉也会有不高兴的时候，想跟李克泽吵架，然而这时的李克泽就是唯唯诺诺，像哄小孩子一样哄她开心，或者送花送礼物什么的，同样的手段使久了，再浪漫也会变得乏味。

生活中没有了激情，再称心如意也会变得如一潭死水。万蓉终于意识到，女子如蒲草，希望的是有一棵大树挡在前面，有绿荫避阳，可为自己挡风遮雨。而一个没有独立思想，唯一的心思就是围着自己转的男人就像是一株菟丝子，会把自己缠到窒息。

三

于是，她回到了女魔堂。

"总而言之，被这个男人抛弃时，你心不甘情不愿，满腔怒火。但被这个男人如花如宝般爱慕时，你又嫌烦嫌不自由。"魔晴用极平淡的口气道出这本应极尽讽刺之句。说完，她突然笑了，如寒冰乍裂，春风沐雨，"不过没关系，这个男人本就是个替代品，一个魔力作用下的假人而已。你不喜欢了，就用右手中指的指血涂到他的眉心间，这样你们的关系就会断开，他会变成以前的李克泽，你们各过各的生活，互不相干了。当然，你也可以继续报复，把这个男人吃掉。放心，不要有心理作用，你这不是吃人，只是在吃情人果的果实。味道非常不错，据说就像人参果一样。但要提醒你，情人果的果实不吃则罢，一吃就会上瘾，不到吃完整个果实不会罢休。”

万蓉回到家，左思右想，抓起茶几上的水果刀在手指间把玩。正在给她捏脚的李克泽抬头问道:“你想吃水果吗?放下刀别动，我给你削，小心伤着手。”

看着李克泽那英俊又温柔的脸庞，万蓉心中百感交集，突然嘿嘿一笑:“要是我想吃你的手指呢?”

李克泽认真地问:“你是说真的吗?”

万蓉点头。李克泽拿过刀，二话不说就把自己的左手小指削了下来。伤口一点血都没有，只是泛着透明的液体，就像是刚切开的新鲜萝卜里流出的汁液，隐隐透着清香……

万蓉冷笑着，残忍地把李克泽的左手小指塞进口中，她轻轻嚼着，那手指或者称为果实的味道甜甜的，带一点点酸，又带一点点苦，还有说不上的味道，就像是恋爱的感觉，甜蜜中带着酸苦辣咸。

她吃完了左手小指，意犹未尽，舔着唇上那令人着迷的残汁，痴迷地对木立在她面前的李克泽说:“真好吃，能再给我一些吗?”

李克泽二话不说，挥刀切下了自己的左手。

情人果的果实有着令人上瘾的味道似的，万蓉在两天内就把情人果做的李克泽吃得一干二净，最后只留下李克泽的一缕头发。她放在手中把玩，痴痴呆呆，又哭又笑，最终把这缕头发扔到了窗外，大喊了一声“再见”。

四

两个月后，垂头丧气的万蓉又找到了魔女堂。

“魔晴，情人果的种子还有吗?”

魔晴了然:“你又遇到了你心仪但是对方却不爱你的男人吧?”

万蓉羞红了脸，又很坚定地说:“这个男人是极品，幽默、性感，有钱又年轻，我一定要他爱我!”

魔晴取出放魂烛的首饰盒子，从里面把万蓉的魂烛取出来，因血而燃的烛火变成血褐色，像半干的血，没有开始那么明亮了。

“我开始没有向你说明，以为你会一次罢手，没想到你还会再来，所以我要告诉你，你应该付出的代价。这是你的魂烛，火焰的颜色代表你的灵魂纯洁度，初始的血红代表你开始走向罪恶的深渊。你如果只用了一次情人果并把果实最终吃掉，那么你的魂火就是现在这样的颜色，但随着你使用情人果次数的增加，你的罪恶越来越深重，你的魂火颜色也就会越来越深，到了纯黑色后，你的灵魂已经不可就药。如果你死了，你的灵魂就会归我所有，被我的魔力驱使，再无任何净化的希望，永不得轮回。这就是使用魔力的真正代价。”

万蓉咯咯地笑了起来，笑得眼泪都流了出来，她表情微妙地说：“难道，你以为我还有回头的余地？灵魂？人活着连肉体都可能随时不保，要灵魂还有什么用？”

交纳了一万元的种子钱，万蓉满怀希望地离开了。她的脚步比第一次离开这里时轻松多了，她的表情也比第一次离开这里时自信多了。

魔晴望着她的背影，总是平淡的眸光中，第一次流露出怜悯的神色。

五

四个月后，不出魔晴所料，她又见到了万蓉。这次万蓉红光满面，穿着时尚，再次购买情人果的种子。不用说，魔晴也猜到那个可怜的极品男人又沦为了万蓉的爱情牺牲品。

三个月、两个月、一个月……万蓉一次又一次信誓旦旦这次遇到了她深爱的男人，但一次又一次把他们变成了情人果的肥料，再把成为她爱的奴隶的情人果实吃掉。万蓉的容貌越来越年轻亮丽，气质越来越出众，财力也越来越雄厚，当然，她的烛火也到了最危险的颜色。

当魔晴递出第六粒情人果的种子时，表情终于严肃了起来：“万蓉，我有责任提醒你，这粒种子如果没有得到善终，你的魂火就要变成纯黑了。”

万蓉以迅雷不及掩耳之势从魔晴手中抢过种子，激动地说：“这个男人是全世界最适合我的人了，他仿佛就是为我量身定做的，但他有个深爱的女友，我也是没办法才来找你的。这是最后一次！我保证，有了他，我不会再对任何男人动心了！”

对于万蓉的家中邀约，那个男人很不情愿，但万蓉是以紧急公务做借口的（一个被万蓉吃掉的男友将自己的公司转让给了她，万蓉的公司因此与那个男人的公司有合作往来），答应只占用他几分钟的时间。

公务谈完，男人急于离开，万蓉却递上了一杯红酒，面带微笑地说："祝我们合作愉快！"男人一口喝尽准备离开，但万蓉却打开一支喷雾式麻醉剂，对他迎面喷去。

之后的杀人手段，万蓉轻车熟路，闷杀，开胸。

胸膛处的皮肤伤口流出的不是殷红的鲜血，而是透明的汁液，隐隐散发着清香。她抹了一把放进唇里一吮，果然是那种甜中又有百味交集的味道……

万蓉一惊，这是多么熟悉的场景啊。她拨开皮肉，看到那颗停止跳动的心脏上果然有一个熟悉的疤痕，像是种下情人果种子时挖开的伤口。

这个男人已经被别的女人预订了。这不是人，他是一个用情人果的果实拼凑的人形爱奴。

万蓉又惊又怒，不知该拿这个人形果实如何是好。此时，伤口处散发出的香味更浓了，那种平时绝不会想念，但一经品尝就会如毒瘾发作的感觉，令万蓉失去了理智。她切下了男人的手，像啃咬水果一样，咯吱咯吱吃了起来。

如果有外人看到这个场面，会感到极度恐惧。一个容貌姣好的年轻女孩坐在浴室的地板上，捧着人体残骸狠命大嚼，貌似癫狂，但万蓉却乐在其中，如食天地间最佳美味。

突然，万蓉身子一震，脸上七色俱全，猛地将刚吞下的果实吐了出来。脸上七色如走马灯交错，很快转成了黑色，并迅速向颈下蔓延。万蓉痴呆木然，身体在很短时间内就全部变黑了，然后分崩离析变成碎粉，掉落地板，聚成一堆。

魔晴的首饰盒里，刻有万蓉名字的魂烛突然自灭了，烛身龟裂崩碎，最终只剩下刻有万蓉名字的那三个蜡块，隐约闪烁着黑光。

魔晴叹息："那情人果上涂抹的是别的女人的契约之血，你居然会傻到吃掉它。彼之情人，汝之毒药。女人，你这算不算是自食其果呢？"

首饰盒里，几千支颜色深浅不一的魂烛，烛火无风自摇，烛泪滚滚。悬疑志

Er Men

耳门

文 / 花布 图 / 叶孑

一

我和清子的相识，源于表姐林子。

三个月前，因为考上了大阪大学，我被父母安排到定居于大阪的姑姑家寄宿。在此之前，我已经将近半年没有和林子见面了。我和林子的关系很亲密，小时候我们一起生活在京都的祖父家，后来因为姑姑和姑父工作的原因，他们才不得已搬来了大阪。

林子是个很开朗的人，非常喜欢结交朋友。因为家境殷实，长相甜美，大部分同龄人也很乐意和她成为朋友。我和林子的性格相似，脾气也相投，因此，也常常因为林子的关系多了许多新朋友，所以，能来到大阪我非常兴奋。

当然，林子也是有缺点的，她的过分自信偶尔会让她显得有些自大。

来到大阪第一天，离开学的日子还有些时间，为了表示对我的欢迎，林子每天都会带我出去玩耍，介绍一些新朋友给我。忘记说了，我表姐也是大阪大学的在校生，所以，她身边的朋友大部分都是我未来的学姐学长。

其中之一，便是夏实学长。夏实君是一位非常英俊的学长，第一次见到他时，

我就感觉到他和林子之间若即若离的暧昧关系。据林子说，夏实在学校是风靡校园的名人，不仅英俊不凡而且还是音乐社团的社长。

内在和外在兼具的男孩，难免让女孩心动。

我的猜测很快得到了证实，那晚，回到姑姑家之后，在我和林子的卧室内，架不住我一再逼问，林子不得已告诉我，她其实暗恋夏实很久了。我一点都不感到惊讶，看得出来，林子应该非常喜欢夏实，每每提到夏实的名字时，连那股女王气焰都转换成了小女人的弱不禁风。

难得找到调侃林子的机会，我故意吓唬她说:“好啊，我明天就去告诉夏实学长，你暗恋他！”

不想，林子立刻一本正经地喝止了我:“若菜你敢！我自己的事情我自己来处理！”

好吧，看来以后在林子面前，再也不能开夏实的玩笑了。而且，以林子一贯的自信加自满，也完全不需要别人去插手帮忙，或许，在她心里，夏实早已非她莫属，而她也已经非他莫属了。我只能说，陷入爱情之中的女孩，都是不可招惹的。

接下来的几天，林子经常带着我和夏实君一起玩耍。

大概是在开学前一天，我才结识了清子学姐。

第一次见到清子时，我感到有些诧异。之所以诧异，是因为难以想象清子这样的女孩会和林子成为好朋友。无论性格、爱好、脾气，两个人完全迥异。林子活泼开朗，自信外向，清子则完全相反，是一个很内向、很安静、很无趣的人。

我不知道林子和清子是怎么认识的，只是四个人出来玩耍时，为了避免当电灯泡，我和清子交谈的机会便多了很多。时常是林子和夏实在旁边玩着小暧昧，我和清子则乖乖地坐在公园长椅上彼此谈心，我这才对清子有了更多的了解。

清子出生在一个缺少母爱的家庭里，她十八岁时母亲去世了，一直和父亲相依为命。也许，是感到自卑，也许，是因为缺少关怀，她是个习惯孤独的女孩。一直到来到大阪大学，和林子分在了一个宿舍之后，她才渐渐学习接纳别人了。

清子总是对我说，她很感谢林子做她的朋友，让她感到不孤独，让她感到有人爱着自己。

清子的话有些过于自卑了，和林子比较起来，她甚至还要漂亮些许，尤其是那种不善言谈、冰清玉洁的气质，常常会让人滋生出一丝想要保护她的冲动，另外，她的确是个非常善良的女孩。我想，这大概也是林子和清子成为朋友的重要原因吧。

也因为这个原因，我和清子很快便成了很好的朋友。

多了这么多学长和学姐做朋友，我的大学生活初始便充满了乐趣。开学之后，只要我一有时间，便会跑到高年级的女生宿舍，和表姐、清子一起说悄悄话。这好像是很多女孩子都非常喜好的消遣之一，几个人聚集在一起说一些彼此的小秘密，既可以增加了解，也可以增进感情。

但我做梦也没有想到，这种看似亲昵的行为其实暗藏杀机。

二

清子的骨灰瑟缩在盒子里面，我犹豫了许久才敢靠近。

我至今都无法想象，清子是如何从教学楼的最高点毫不犹豫地飞下来的。以她懦弱的性格、恐高的心理，如果不是无法逃避，难以承受，无论如何她都不会选择这种残忍而可怕的死亡方式。而我不顾一切前来看她最后一眼，也是因为有些愧疚吧。

必须承认的是，在那件事情发生之后，我和所有人一样开始渐渐疏远清子。哪怕事到如今，空荡荡的灵堂也足以证明人心的善变。那些生前的好友，没有一个人前来祭奠一番，除了我之外，便只有清子的父亲落寞地跪坐在一旁。

那是一位和清子一样沉默的中年男人，丧服套在脑袋上，遮挡了他大半张脸。虽然看不清他的面容，但我知道他悲恸欲绝。那一刻，我突然很恨，恨林子的决绝和无情，恨那些所谓的友谊，恨那个无话不谈的夜晚。

那是清子自杀前的一个星期日，我和林子准备回姑姑家时，邀请清子一同前去。当晚，我们三个人挤在林子的卧室内，躺在一张床上，继续我们早已习惯的交谈。林子自然不停地说着夏实的事情，而我们则安静地听着。

不知不觉之间，已经到了深夜。

姑姑路过走廊的时候，特意提醒我们三个早些休息，因为这一句话，居然让清子潸然泪下。我和林子都很奇怪，一边安慰她，我一边问："清子，你这是怎么了？有什么事情说出来，我们是好姐妹啊。"

清子擦干眼泪，望着我和林子，似乎是在犹豫该不该将那个秘密说出来，最终她还是选择了信任。我们这才知道，清子那个残缺的家庭有多么不幸。在彼时，那也是一个一家三口、其乐融融的家，只是因为一次意外，彻底毁掉了三个人。

大概是清子十八岁的时候，因为工作原因，清子的父亲外出出差，留下了清子和母亲两个人。不过是三天两夜，谁也没有想到会发生那样可怕的事情。在一个深夜，三名盗贼潜入了清子家，掠夺了大批财物之后，杀死了抵死反抗的清子母亲。

之后，他们做出了更加可耻的事情——强奸了清子。

当清子的父亲赶回来之后，清子已经躺在医院里了。她好像一夜之间变成了傻子，整整一个月的时间没有说一句话。好在随着时间的流逝，她渐渐遗忘了那些可怕的回忆，或许，那只是无可奈何地封存了吧。从那之后，她才变得郁郁寡欢，不善言谈。

这是一个藏在内心深处、痛彻骨髓的秘密。

我和林子都没有想到，清子有过这样恐怖的过去。但毕竟那都是过去的事情了，而此时此刻，清子能够大胆地说出来，说给我们听，不仅证明她的内心正在一点一点坚实，也证明她对我们非常信赖。

这已经超越了友谊。

这份百分之百的信赖，却没有得到百分之百的回应。在回到学校不久之后，不知道怎么回事，清子的事情很快就传遍了整个学校，就像一场漫无边际的大雨，冲击着学校的犄角旮旯，也冲击着每一个人的耳膜。人们开始用有色眼光看待清子。

清子在一瞬间变了，从那个楚楚可怜的女孩变成了一个人人厌弃的魔鬼。

人们开始议论纷纷，开始添油加醋，开始胡说八道。

包括我在内，也自动和清子保持了一定距离。这种看似自保的距离，于清子而言有多么无情，多么无奈，我们都没有想过。所以，在听到清子自杀的消息时，我才感到一阵心痛和无比的内疚。

三

林子靠在沙发上，煞有介事地捧着一本书，高挑着眉毛不肯看我。

我知道林子不敢看我。自从清子死后，我一直在纠缠她，我一直在质问她，我要搞明白，这一切是不是她在捣鬼。而那天晚上，关于那个致命的秘密，只有我们两个人知道。如果不是我，那除了她别无他人。

“你告诉我，究竟是不是你把清子的事说出去的?！”我吼了起来，已经失去耐心。

林子还是一脸满不在乎的样子:“我告诉你一千遍了，不是我！”

我恼羞成怒，走过去，将林子的书一把扯了下来:“不是你还有谁?！这件事只有我们两个人知道，我没有说过，剩下的只有你了！”

林子猛地站了起来，气势汹汹地瞪着我，依旧一副女王的样子。她忽然冷笑起来:“好吧，事到如今，我就告诉你。没错，的确是我说的，那又怎么样?！我只不过是说了一个秘密罢了，而自杀却是她自己的选择。”

我从未感到表姐如此可怕，倒退了一步，我仍旧想不明白，“为什么?！”

“因为夏实！”林子昂起头，眼里冒出了火，“你知道吗，作为朋友清子背叛了我。她明明知道我喜欢夏实，她还暗地里给夏实送去了告白信，她把我当做什么? 你也知道我的性格，我受不了朋友的背叛，而且，我想要的东西，只能是我的！谁和我作对，我就和她势不两立！”

事情变得有些复杂了，我摇着脑袋:“你……怎么知道清子给夏实写了告白信?”

林子翻着白眼说:“别忘了我们住在一个宿舍，想看她的日记太简单了。”

我快要受不了，看着林子一脸的霸道和无情，我好想给她一巴掌。但我没有那样做，因为于清子而言，我和林子都是不可原谅的人，如果当初，哪怕清子身边有一个可以依靠的朋友，或许，她就不会选择离开这个世界。

那天摊牌之后，我和林子的关系变得很尴尬。

长辈们并不知道我们之间的事，每个星期日，我还是要回到姑姑家寄宿。为了不让长辈们担心，也不想让他们知道我们之间的纠葛，我并没有要求换房间，依旧和林子住在一个房间内。大概，也是担心我把这件事情说出去，林子也没有再和我吵架。

当然，我万分清楚，林子之所以这样做，更多的原因是因为夏实，我想，夏实若是知道她出卖清子的事情，恐怕，也会永远远离她吧。好在这种煎熬在几天之后，暂时消失了。因为姑父决定装修房子，特意为我在外租住了一间临时公寓。

星期日的时候，我便不用再回到那个家了。

休息的时候，我会一个人来到清子的墓前，好好忏悔一番。

一次，我来祭拜清子时，无意之中又遇到了清子的父亲。他依旧很沉默，坐在清子的墓碑前，正在烧一些清子生前的遗物，包括那本粉红色的日记本。我本想上前说些什么，可是，看到那本日记本，突然觉得如鲠在喉。

时光荏苒，光阴似箭。

不知不觉，已经过去一个月了。人们都说，这世界上总是会有永远无法忘怀的事情，但是清子的事终究被人们渐渐淡忘了。学校好像什么事都没发生过似的，彼时的事情好像一块口香糖一般，在被嚼得没有味道之后，留在了记忆之中。

姑父家也重新装修完毕了，我只好又搬了回来。

或许，我是那种习惯遗忘的人吧，经历了一个多月，我和林子的关系有了一些缓和。彼此仍旧很少说话，她也不再像以前一样那么强势。我以为，生活还会继续下去，这件事情会变成另一个秘密残存于我们心中。

但是，我错了。

四

那是一个深夜，姑姑和姑父一起回到了京都看望祖父祖母。

我一个人留在家中很是无聊，便早早睡下了。不知道什么时候，我听到了林子回家的声音，她去和夏实约会了，轻快的脚步声告诉我，这次约会应该很不错，她的告白十有八九已经成功了。我并不想问她和夏实的事情，继续装睡。

果然，刚刚推开门，林子就兴高采烈地说："若菜，你知道吗，今天夏实亲了我……"

我装作没有听见，翻了个身，林子很知趣地闭上了嘴巴，爬上床也睡着了。

将近凌晨三点的时候，我去了一趟卫生间，再次回到卧室，刚刚躺下，外面突然传来一阵奇怪的声音。我说不出来那是什么声音，似乎很近，似乎就隔着门板，好像有什么东西紧紧贴在大门后面。我知道这是不可能的，姑姑和姑父远在京都，家里只有我和林子两个人。

我感到了一丝恐慌，半坐起来仔细听，没错，的确有一阵古怪的声音在房间中回荡，虽然很轻微，但就像有一只老鼠，在黑暗中窸窸窣窣地寻找着食物。我打开了床头灯，借着昏暗的光线环顾整个房间，林子睡得很死，房间内也一切正常。

我想，或许是我听错了吧。

关掉灯，我又躺了下来。

可是那声音好似蚊子一般，便再一次从黑暗中传了出来。我的心渐渐提了起来，这一刻，我确认我没有听错。我再次打开了床头灯，向房门走去。来到房门门口，我猛地拽开了大门，一股寒气从走廊中汹涌地袭了过来。

但是，我依旧什么都没有发现。

那晚，我并没有叫醒林子，也没有对任何人提起过这件事情。之后的半个月内，那阵奇怪的声音再也没有出现过，我渐渐将这件事情忘记了，不过，我和林子之间的关系，却愈加好转了。因为和夏实处于热恋之中，她那股女王气焰也消减了很多，变得越来越和蔼了。之后，夏实约我们一起出来游玩，那一次，我们才冰释前嫌。

我承认，我是一个意志力非常薄弱的人，但林子毕竟是我表姐，我也不想因为我们之间的不愉快，导致长辈们的不愉快。那天游玩回来，在林子的要求下，我们又睡在了一张床上。半夜的时候，她向我道歉，不管是不是真心的，我没有再说什么。

那天晚上，我们两个却睡意全无。

也许是因为刚刚和好的原因，也许是因为太久没有好好谈心了，我们说了很多话。一直交谈到半夜，才双双睡去。中途我再一次醒来时，又听到了那久违的怪声音。我想了想，还是悄悄叫醒了林子。

我悄声对林子说："你听，房门那里是什么声音？"

林子揉了揉眼睛，仔细听了听，无所谓地说："也许是野猫跑到家里来了吧。"

我并不认同林子的话，没有开灯，我摸黑爬了起来，一点一点地挪到房门口时，我伸出了手去，本想悄无声息地拉开大门，但是刚刚伸出手去，又猛地缩了回来。我摸到了什么东西，软绵绵、圆溜溜的一种触感，我吓了一跳，轻轻叫了一声。

林子听见我的惊叫，赶忙打开了灯："怎么了？"

光线倾泻而下，屋内瞬间明亮，呆痴般地看着自己的手，又望了望大门。面前什么都没有，一切正常，就连我自己都不知道受了什么惊吓。林子对我无奈地摇了摇头，埋怨我大惊小怪之后，再一次睡着了。可我知道，我不是大惊小怪。

刚刚，我的的确确摸到了什么东西。

五

夏实找到我的时候，显得非常憔悴。

我不知道发生了什么事情，但夏实一开口，我便不知所措了。他哑着声音问我："若菜，你告诉我，林子是不是爱上了别人？！"我张口结舌，不知如何作答。他不依不饶，"你必须告诉我，就算我求你，你知道我有多爱林子的！"

"我……"我仍旧无法开口。

事实上，不是我不想说，而是我不能说，也不是我不知道，而是我很清楚。可有些东西说了就等于害人，不说，或许还会好受一些。没错，这件事情我很清楚。当初，林子告诉我的时候，我也没有想到，她会这么快变心。

那晚，本来一切照旧。星期日回到姑姑家之后，我发现林子有些坐立不安，一直到晚上回到卧室，她还是翻来覆去地睡不着，我担心地问她怎么了。她坐起来，摸黑爬到我床上，悄悄对我说："若菜，一年级新来的一个学弟在追我。"

我大吃一惊："这件事夏实知道吗？！"

林子摇了摇头："当然不知道，也不能告诉他，他要是知道了不知道会闹成什么样子。只不过……"

"只不过什么？"我聚精会神地盯着黑暗中的林子。

林子咬了咬嘴唇说："只不过，我现在觉得我和夏实好像不大合适，交往这么久，我发现我们脾气性格都有很大分歧。我很开朗，而他总是很忧郁，虽然当时被他的忧郁迷惑了，但现在我觉得我们有很多的矛盾。比较起来，那个阳光灿烂的学弟倒是与我很投脾气。"

我不可思议地目瞪口呆，没想到林子的爱情观如此简单而不负责任，本想骂她，但还是将话咽了回去，这毕竟是她自己的事情，我无权说什么。我只气愤地对她说："随你吧。"

意想不到的是，那天之后不久，林子结交新男朋友的事就在学校里传开了，自然也传到了夏实的耳朵里。我深知夏实对林子的爱，虽然当初是林子追的他，但我已经无数次听过夏实对林子的誓言，天长地久，天涯海角。

可以想象，这个消息对夏实来说有多残酷。

而且，最重要的是，林子也确实是这么想的。

我知道夏实一定会找我这个表妹来求证，但我不知道该不该说实话。面对可怜的夏实，我还是选择了沉默和逃避。离开时，我听到夏实在我身后狂吼："林子是我的！你回去告诉她！她是我的！谁也得不到她！"

夏实疯了吗？我不知道。

但那天之后，林子和我大吵了一架，就像当初清子的死一样，她怀疑是我将这件事情说了出去，尽管我一再保证没有这样做，但事实是，林子只将这件事情告诉了我。我们的关系再一次恶化，因为彼此的秘密，因为彼此的不信任。

但是，我万万没有想到，这并不是最糟糕的结果。

在一个晨练的早晨，林子在操场跑步的时候，旷课许久的夏实突然出现了。没有人注意到他的出现，就连林子也一样，直到那把锋利的刀刺穿了林子的后背，她才恍然大悟一般回过头去，惊愕地看着身后那双麻木的眼睛。

所有人都被吓坏了，纷纷逃离操场。有人很快报了警。

但一切为时已晚，当警察赶到的时候，夏实也倒在了林子身边，胸口上插着那把沾满两人鲜血的利刃。这件事情不仅震惊了整个学校，震惊了夏实家，也震惊了我们家。祖父祖母、爸爸妈妈都赶来了大阪，而我，是最尴尬和无助的中间人。

姑姑和姑父将林子的死归咎于我身上，因为学校风传是我将林子的事告诉夏实的。我不知道该如何解释，只是一次又一次听着长辈们的责骂。那也是我头一次感到，原来知道别人的秘密一点都不好玩，那很恐怖、很阴暗。

甚至，会波及自己。

六

在林子和夏实死去之后，我成了一个间接的受害者。

不仅自己家的长辈对我恨之入骨，就连夏实家的人也对我不理解，每天走在学校里，总是会看到许多异样的眼光。那些眼光告诉我，我现在在别人眼中只有三个字——告密者。我努力让自己去适应去习惯，压抑地度过我的大学生涯。

不知道是怎样熬到毕业的，那一天我只感到轻松。

而作为一个间接受害者，我再也不想涉入别人的私生活，甚至连朋友都懒得交往。家中长辈已经对我另眼相看，而姑父姑姑和我更是水火不容，虽然我经常去看望他们，但没有一次有好结果。但我还是不想回到京都，依旧留在了大阪。

我找到了一份工作，开始了自食其力的生活。

在大阪郊区，我租下了一套公寓，当做临时的家。我以为，从今以后那些过往的人和事都将远离我，没有想到，那只是我的一相情愿。搬到新家不久之后，我接待了一位特殊的客人，第一眼看到他的时候，我并没有认出他来。

那个男人看上去很憔悴，五十多岁的样子，见面便对我深深鞠躬，说道:“若菜小姐，非常抱歉。”

我一下傻了:“您是? ”

男人严肃地对我说:“我是清子的父亲。”

……

那天午后，我们两个人长谈了三个多小时，彼时的那些回忆转瞬又回到了我的脑海之中。而更让我不可思议的，是清子父亲口中的故事。当然，这或许根本就不是一个故事——他告诉我，在清子自杀之后，他悲恸欲绝。

那些日子，他不知道自己是怎么活下来的。他不明白清子为什么自杀，直到整理清子遗物的时候，才无意之中在那本日记本上看到了清子自杀前的遗言和真相，那一刻，他愤怒了，他发誓要为女儿复仇，以其人之道还治其人之身。

很快，他打听到了林子家的住处。他开始策划一场阴气森森的复仇计划。

终于，姑父家装修的事情，为他带来了一个机会。

听到这里，老人沉默了，我忍不住问道："我不明白，姑父家装修和你的复仇计划有什么关联？"

老人淡淡地望着我，说："你是否有时候会发觉你和你表姐的卧室有怪声音？"

我点了点头。

他叹了口气，突然将帽子拿了下来，我看到他的脑袋上，右耳部位光秃一片，像是被人拿刀子削了下来一般，长长的疤痕令人胆战心惊。

我急忙问："您的耳朵……"

"是我自己割掉的。"老人平静地说，"这也正是我要告诉你的。在你姑父家装修的时候，为了报复，我偷偷混进了装修队，为你表姐的卧室换上了一道新房门。而那道门，让我得到了复仇的计划，让我听到了你和你表姐之间可以利用的秘密。"

我完全听糊涂了："我不懂……"

老人不紧不慢地解释起来："这其实是一种很古老的传说了，在我们大阪，老人们之间常常会讲一些自古至今流传下来的奇闻怪事，你们年轻人自然不会感兴趣，也根本不知道。说实话，当初我这样做也只是抱着试一试的心态，没想到真的成功了。"

"您仔细说。"

老人长长吸了一口气："这是一种妖怪，我们大阪人习惯叫它耳门。这种门很诡异，只要将自己的一只耳朵割下来嵌入门中，到了夜深人静的时候，门板上就会自动长出很多耳朵来，这些耳朵就是所谓的门耳，它们可以窥听到主人的每一句话，传达给制作耳门的人。"

我越听越迷茫了，这简直是天方夜谭："这不可能！"

老人笑了笑："我知道你不相信，当初，第一次听到你和你表姐说话的时候，我也不相信。但这确实是真的。也就是在那天晚上，我听到了林子和你交谈的内容，知道了她和夏实以及她学弟的事情，我抓住这个秘密，将它散播了出去。但是，我没想到，会给你带来这么大的伤害……"

那天下午，送走清子父亲的时候，我仍旧不敢相信自己听到的一切。

七

那扇门在火中呼呼作响，像是有人在呐喊尖叫。

我瑟缩在院子一角，看到它渐渐渗出鲜红的血液，回想着大学时的一切，心里很疼。是的，不管相信不相信，我还是趁着姑姑姑父不在家，潜进了他们家里，不顾一切地拆掉了那扇恐怖的房门。我不想让这种东西留在人世间。

直到那扇门在火焰之中化为乌有，我才拖着脚步离开。

回到公寓，我辗转反侧难以入眠，我又想起清子父亲的话，模糊中似乎有一些记忆，记得生在大阪的姑父曾经对我简单讲述过，在他的家乡一直流传着一个传说，如果想要窥听别人的隐私，最简单的方法就是割下一只耳朵，想办法藏在那家人的房门里。

这就是所谓的耳门。

我又回想起那阵在深夜响起的古怪声音，感到一阵寒意。

我突然觉得这个世界很可怕，这个充满隐私、充满秘密的世界好像一个巨大的火药库，不知何时何地，你可能就会毫无察觉地被卷进其中，无法左右生死，无法左右感情。但毕竟，一切都过去了，我宁愿相信这一切都是假的。

那天之后，我又去了墓地，祭奠了清子、夏实以及林子。望着他们的墓碑，我心里一阵翻滚，我不知道究竟是林子害死了清子，是我害死了夏实和林子，还是那些信任过后的秘密害死了他们自己。难道，这个世界真的失去了信任吗?

带着复杂的心情，我继续苟且生活。

离开学校，步入社会，我渐渐体会了什么叫钩心斗角，正如人们所说，学校只是一个童话世界，而社会则是一个残酷世界。有了前车之鉴，我开始学习彼时的清子，将自己完全封闭起来，尽量不去和外人接触，尽量不去结交朋友。

因为我知道，多一分信任我就多一分危险。

但我忽略了一点，只要你身为一个人，你就无法避免这种危机。所以，那一天，成了我生命之中最可怕的一天。就在那个深夜，当我洗完澡，躺在床上睡着之后，我又一次听到了那阵久违的声音：窸窸窣窣，像是魔鬼的挑逗。

不知道是害怕还是好奇，我拿起手电筒，颤巍巍地照向了我的房门。

昏沉的光线下，我看到那扇门像受了惊吓一般微微颤抖着，门板像是变成了一块肉，无数的小肉芽渐渐浮现，接着蔓延、滋生，像是茁壮成长的花草，直到完全从门板上钻出来，完全成形，变成一只又一只的黑色小耳朵。

那些耳朵像是章鱼的触手一般，活灵活现。如同雷达一般，三百六十度地转动着。

我感到浑身一阵发毛，想要尖叫，却叫不出来，我再一次用手电筒照过去，光线所触及的地方，耳朵如同受了刺激一般，迅速地缩回了门板之内，毫无痕迹了。当我壮着胆子将灯打开后，呈现在我眼前的依旧如初，似乎什么都没有发生过。

然而，我清楚地知道，那扇表面光滑的门板，暗藏杀机。

那是古老传说中的妖怪，是人们的诅咒，是在黑暗之中滋生的邪恶。我更加清楚的是，我的悲哀再一次开始了。如清子父亲所说，我正被一个人深深地憎恨着，也许是姑姑，也许是夏实家的人，也许是我无意之中得罪的一个同事。

他们在等待我的一个秘密，一个足以让我感到人言可畏、生不如死的秘密。

那天之后，我睡觉养成了一个习惯，总要开着灯才会入睡，因为我知道，那些黑色的耳朵不敢在光线之下现身。但我依然恐惧着，我总是担心在我睡着之后会突然停电，或者有一天，它们像进化了的生物，在光天化日之下突然露出脑袋来。

而我依旧不知道究竟是谁，让我陷入了耳门的监听。也许，等到我死的那一天才会知道吧。

你呢？你相信这个世界上有耳门这种妖怪吗？是否你卧室的大门也曾在你不知情的情况下，偷偷地伸出过一只耳朵？而你又知道多少别人的秘密？别人又知道多少你的秘密？最主要的是，你是否曾将用信任换来的秘密告诉过别人？

你是否曾将朋友、亲人的信赖抛之脑后？悬疑志

【原创惊悚漫画】

诡隙夜谈

绘图⊙玉烟先生
原著⊙安养童

明博，是我，月楼。稿子写得怎么样了？快截稿了。
嘟……
嘟……
对……对不起……我一个字也写不出来，月楼，我很害怕！缝隙里总有一个声音在对我笑！
什么缝隙？既然那房子有古怪，就换个地方住吧？
好吗？
不！所有的缝隙，它游离不定、无处不在……月楼，救救我！它正在吃掉我……
月楼！
你怎么了？明博？!
明博！

一周后……
你好。我是明博的朋友！
不归街28
明博？
我已经七天没有看到他了。从他房里偶尔会有女人的笑声传出。跟我来。
我可以到他的房间看一下吗？上个礼拜他和我通过电话后便失去了联系，我很担心。如果方便的话，我想在这等他。

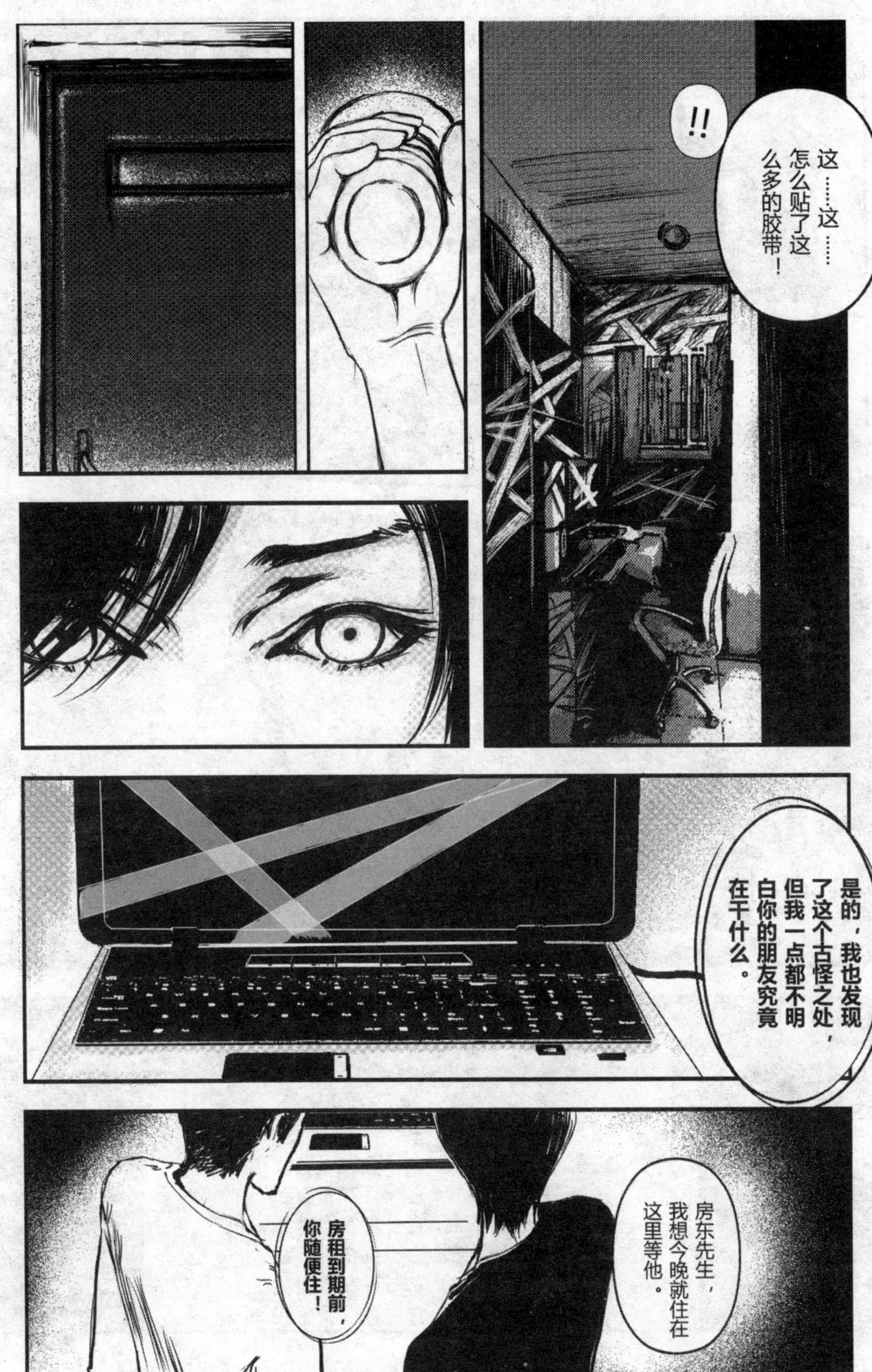
这……这……怎么贴了这么多的胶带！
!!
是的，我也发现了这个古怪之处，但我一点都不明白你的朋友究竟在干什么。
房东先生，我想今晚就住在这里等他。
房租到期前，你随便住！

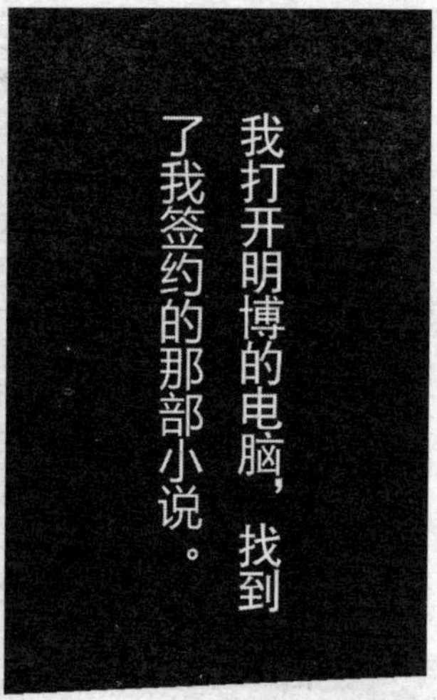
我打开明博的电脑，找到了我签约的那部小说。

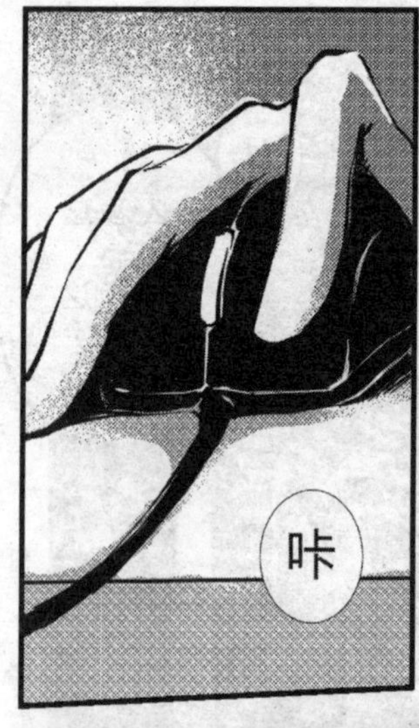
咔

……打开它后，却发现，文档中反复写满的全是……

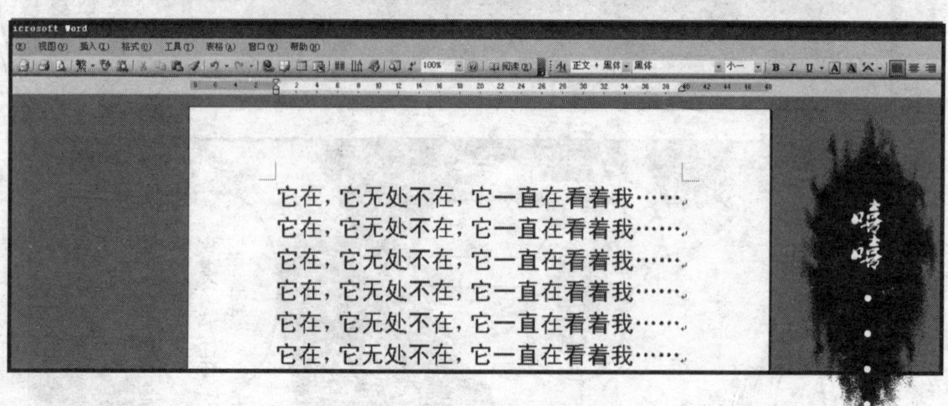
icrosoft Word
它在，它无处不在，它一直在看着我……
它在，它无处不在，它一直在看着我……
它在，它无处不在，它一直在看着我……
它在，它无处不在，它一直在看着我……
它在，它无处不在，它一直在看着我……
它在，它无处不在，它一直在看着我……
嘻嘻……

嘻……嘻嘻……
嘻……
嘻……嘻嘻……

嘻嘻的笑声令人毛骨悚然
唔！
我一不小心，撞上了来送东西的房东
他带给我一个明博留下的DV
你朋友失踪后，我在他房间发现了这台DV。现在我转给你。

月楼……。
月楼……
！！
月楼……救救我
它正要吃掉我……

明博
你到底遇到了什么？
嘻嘻……嘻……

当那些白手不断从
缝隙里涌出的那一刻
嘻嘻……
嘻……
月嬉，你不要明博了？
嘻嘻嘻嘻……
我终于知道了
明博究竟遇到了什么……

嘻嘻嘻……
嘻嘻嘻……
别走哟，明博在等你……
咻——
哈！

我封住所有的缝隙
从窗口逃了出去
谁料。。。
手竟然从我的嘴巴里伸了出来……
那纤细苍白的手臂，把我的身体慢慢地，
扯进了我的嘴巴……
嘻嘻嘻……
嘻嘻……
明博……
明博，我来了……

Gui Men Yu

鬼门寓

文 / 路边摊 图 / 七彩明明

今天一早我一打开自己家的门，发现门上被贴了几张纸，不只我家，对面住户的门上也有，连电梯门、墙壁、楼梯上都被贴上了。

纸上画着一堆杂七杂八的符号，一般人绝对看不出这是什么，但我一眼就看出来了，这是老赵的符纸。

老赵也是我们这栋公寓的住户，平常就在公寓门口摆算命摊赚钱，我们这公寓住的人挺多，门口很多人来来往往，加上也是同一栋的住户，大家也和老赵相熟了，偶尔会去他那边算一下。老赵跟我说过，他不只会算命，还会通灵，只是他老不把通灵的功夫拿出来给我看，我也就当他只会算命。

我曾经到老赵家喝过酒，他家里还算干净，家具摆一边，一些奇怪的道具又摆另一边，阴阳分明。我就在那些道具中看过这些符纸。

对面的邻居张先生这时候也打开了门，穿着西装提着公文包准备去上班，一看到满楼层的符纸，睁大了眼问我:“这是干什么啊? ”

“这些东西是老赵的，不知道他搞什么鬼。”我只能这么说。

我们两人打量了一下整个楼层的状况，不晓得该说什么。突然一个人边走边骂地爬上楼来，一看，原来是管理员。他手上抱着一大堆老赵的符纸，上楼一看到这种情况，说:“想不到你们这楼也遭殃啦，看来我又有得忙了。”

嗒
嗒
嗒

“啥意思啊？”

管理员说，老赵昨天晚上不知道发什么神经把符纸贴满了整栋楼，管理员叫他停手，老赵不但不从，还冲到一楼边撒着符纸边乱叫，简直疯了。

“那老赵人呢？”我问。

“送到警察局去啦，听说在警局里还是疯疯癫癫地乱叫呢，唉，也不知道到底怎么了，可苦了我，要把整楼的符纸全清干净……”管理员抱怨道。看来他从一楼撕符纸撕到这里，已经很烦了。

忘了说，我们这里是八楼，楼上还有一层住户，接着就是顶楼了。

时间还早，于是我跟张先生合力帮管理员把八楼的符纸撕光，这才出门。当我们下到一楼门口看到老赵平常摆算命摊的小木桌时，张先生若有所思地说：“现在是农历七月，鬼门刚开，怎么老赵就疯了呢……”

听到张先生这句话我恍然大悟，在家当了太久宅男，都忘记鬼月来了……张先生后来就自己开车上班去了，而我买了早餐就回公寓了，我并没有固定的工作，有时帮一些公司做做广告网页、宣传广告信息之类的……反正跟网络扯得上关系的工作我都有份。

回到一楼电梯时，正好遇到管理员气喘吁吁抱着老赵的符纸坐电梯下来，我帮他一起把符纸丢掉后，我说：“大哥，这个月是鬼月，你晚上值班可得小心一点啊。”

管理员马上“呸呸呸”地回敬我：“这个月可别提那么多鬼字，不过鬼要来就来吧，若是男鬼我就跟他单挑，若是漂亮的女鬼……老子阳气旺盛，精虫溢脑，就抓来搞好了！”

听完他的话我不禁心里大笑，还叫我别提鬼字呢，自己倒是比我嚣张几百倍。

晚上，不知道是不是因为鬼月的缘故，整个天空比平常的夜晚还要黑。

我刚完成了一个 Case（活儿），在电脑前坐到腰酸背痛，于是走到顶楼散散步，抽根烟。不过有一个人比我先到了顶楼，他手肘靠在栏杆上面，面对着外面，也在抽烟。虽然说只能看到他的背影，但我认得他，那是阳先生，他家人不准他抽烟，但他偏偏又是个老烟枪，只能每天晚上到顶楼来抽烟。

他似乎没发现我，一个人默默地抽着闷烟，我向他招呼了一声，但他好像没听到。大概今天心事特别多，懒得跟人交谈吧，人很多时候都会这样的。

我自讨没趣，于是走到顶楼另一端抽烟，心情放空地看着四周的建筑物、道路上的车辆、地面上躺着的人，还有那人旁边浑浊的液体……啊?

我揉揉眼睛，虽然这里离地面有十层楼高，但我还是看得很清楚，地面上躺着一个人，面对着天空，似乎也在看我，而他的头部跟上半身周围充满了一种液体……我几乎要软脚了。

“阳先生，你过来看……”我想叫阳先生，一转头，却真的软脚了。

哪有什么人在？空荡荡的顶楼上只有我一个人。

刚刚还在抽烟的阳先生哪去了?

答案是，躺在下面。

不过当时我吓得马上从顶楼溜回家里，是隔天管理员通知我我才知道，阳先生坠楼死亡，自杀。“听说他老婆跟别的男人跑了，唉，他还有一个读初中的小孩现在无依无靠的，阳先生也还真想不开……帮点忙吧？”管理员还说要住户帮阳先生的小孩出点教育经费，给了我一个账户要我汇钱，我也没什么钱，只意思意思地汇了几百块。

昨晚在顶楼上的事情我没跟管理员讲，只能自行解释说，应该是另一个到顶楼抽烟的人被我误认为阳先生了，所以我打招呼他也没回应，而他应该是在我还没发现地面上有异样时就走了……这是最合理的解释了。

人类的一个最大的缺点就是，总是喜欢为不合理的事情掰出合理的解释。

别忘了，现在是鬼月。

我当然没忘，我也知道我的这个解释有多勉强，但我只能这么设想。

先是老赵疯了，后来阳先生自杀了，连连两起事件在一天之中发生，害我早上跟张先生同时出门时，说起话来怪沉闷的。

“你知道阳先生的事情吗？”电梯里，张先生先开口。

我怎么不知道，我可以说是第一个发现的，我说：“知道啊，昨天管理员跟我说的，好像是前天晚上发生的。”

“嗯，只辛苦了他的小孩了。”

然后我们不知道再说些什么了，一直沉默到在门口分开。

照常买完早餐回到家的时候，我看到一个小女孩站在我家门口，背着书包，穿着小学的运动服。我认识这个小女孩，叫依依，是楼上王太太的小孩。

王太太把依依教得很好，她一看到我就会主动打招呼：“大哥哥好。”

“依依乖，你妈妈呢？怎么没带你去上学？”

“她忘记拿皮包了，要我在这里等。”

“哦，你妈也真糊涂。”这栋公寓对九楼住户有些不方便，那就是电梯只到八楼，像王太太这些住在九楼的人只得多跑一层楼了。

这时王太太也恰好走下来了，笑呵呵地说：“呵，依依，跟阿戴哥哥玩吗？”

“哈，妈妈下来了，快去上学吧。”我摸摸依依的头，招呼说，“王太太，早啊。”

“也不早了，刚刚我找皮包不知道耗掉多少时间呢，依依，赶紧按电梯吧。”

依依雀跃地按下电梯按钮，跟我挥了挥手道别后，就跟王太太一起进了电梯。

我看着王太太跟依依的笑容在电梯门缝间消失后，就进门吃早餐。但我一个汉堡没咬两口，门铃突然急速响起，而且一声接着一声，急着要我出来似的。

我从猫眼一看，竟然是王太太。奇怪了，王太太不是才带依依下去吗？

一打开门，王太太就着急地对我说：“阿戴，有没有看到我们家依依？我叫她在这里等我的……”

咦？依依不是刚刚才跟她下去吗？我瞄了一下电梯，却看到电梯停留在八楼。

八楼？

楼上只有王太太这一家人，对面的张先生已经出门了，但刚刚依依不是跟王太太进电梯了吗？应该是下去了啊，怎么会停留在八楼？

“你……刚刚有按电梯吗，还是刚上来？”我指着电梯，颤不成声。

“没有啊，我叫依依在这里等我，可是下来以后她不知道哪里去了，阿戴，你有没有看到她？”王太太眼眶泛红，几乎要哭出来了。

“她……她……”我张大嘴巴，说不出话来。刚刚才看王太太跟依依一起进了电梯的啊，怎么会?

可是看王太太这个样子，不像在演戏。我几乎无法控制自己的身体，按下了电梯的按钮，门马上就开了，里面空无一人。

依依跟王太太进了电梯，可是电梯并没有动……那里面的人呢？我眼前的这个王太太是谁？依依呢?

我脑袋里爆出轰的一声，无法思考了。

依依消失了，她跟“王太太”进了电梯后，就不见了。而电梯没有移动。

王家夫妇跟管理员要监控录像带时，管理员很遗憾地宣布，昨天监控器系统电路整修，并没有运作。

真巧。

而我，在家中大病了一场，得的是心病。

我不断试图说服自己，那都是幻觉。顶楼上的阳先生、进电梯的依依跟王太太……都是我看电脑屏幕太久而产生的幻觉。

唉，我又在为不合理的事情掰出合理的解释了。

依依消失后我在家里窝了一天，什么都没做，就只是睡觉，直到我被吵醒。

是门铃声吵醒我的，但不是我的门铃声，而是对面，张先生家里的门铃声。

一声、两声、三声、四声、五声……每声铃声之间没有任何间隙，按的人似乎不给住户的耳朵丝毫休息空间，一直按一直按。

我也不知道自己睡了多久，但这门铃声吵得我有点烦，于是我撑起快爆炸的头走到门口，透过猫眼，我看到一个人站在张先生的门口，不断按着门铃。

一直按一直按。该出去制止他吗？该跟他说现在张先生应该是出去上班了……但现在是几点啦？睡太久的我都没时间观念了。

看了一下挂在墙上的时钟，我的心跳几乎停了。

现在是凌晨十二点半。

我突然想起，那个按门铃的背影我有点眼熟，就在几天前的顶楼上面，我才看到过的……门铃声突然停了。

我看着门，但不敢透过猫眼看外面的情形了。

我很怕。

很怕。

丁零，门铃声又响起了。

这次是我的。

一声、两声、三声、四声、五声……一直按一直按。

我的呼吸跟心跳，在门铃声响起的时候好像完全停止了。现在在外面的到底是谁?

其实只要看一下猫眼，就知道是谁在按门铃，但我不敢。我要找人帮忙才行……我走回房间，拿起话筒拨通了管理室的电话。

我想叫管理员这个自称阳气旺盛的家伙上来，把外面那个不知是人是鬼的东西赶走。

丁零，电话声响了许久，没有人接。

而外面的门铃声还在响。

我绝望地挂上了电话，管理员跑去哪里了？他晚上不是都会在管理室里睡觉吗?记得以前只要响几声就可以吵醒他了啊。

丁零，不是门铃声，是电话突地响了。

我又惊又喜，惊的是电话他妈的突然响起来干吗，喜的是一定是管理员刚被我吵醒，现在打来了!

一接起来我马上一连串地说:“大哥，现在有个疯子一直在我门口按门铃，你快点上来赶走他好不好！我快被他逼疯了!”

但打来的竟不是管理员，而是另一个熟悉的声音，那声音似乎比我还激动:“别开门！小戴听着，不管怎样你绝对别开门!”

这是老赵的声音！老赵怎的打电话来了?

“老赵？你不是疯了吗？”

“疯你个屁眼！我现在正常了！那天那里的力量实在太大，把我逼疯了，现在我正常了！”

“你在说什么啊？那天是哪一天？”我满头雾水。

“那天就是鬼门开的那一天！而那栋公寓就是门！”老赵激动地说，“听着，那栋公寓现在很危险，我猜一定不少人出事了，大家都说七月半鬼门开如何如何……但门在哪里？今年恰好就开在我们这栋公寓，鬼门开的那一天群鬼蜂拥而出，我一下就疯了，现在我好几天没回去，已经没事了。”

我听得目瞪口呆：“今年恰好开在我们公寓？那前几年呢？”

“鬼门都是随机找地点开的，有时候开在深山，那就没事了，有时候恰好开在有人的住家，那一定会死人！然后变凶宅！”

“但……我看过一些文章，我们又没惹他们……”

“想太多了小子！你以为没厉鬼啊！他们都是混在里面瞒着阴差跑出来的！”

“那……那我该怎么办？”我真该拿镜子照照自己现在哭丧的表情。

“门铃还在响吗？”

“嗯……”

老赵厉声吩咐：“不要出去！门铃声没了也不要出去！等到天亮以后再出去……啊，这样也不行……我靠，小戴我零钱不够了，妈的……”

嘟的一声，电话挂断了，看来老赵是用公共电话打来的。

我天亮以后再出去就行了吗？但老赵后面说的这样也不行是什么意思？

对了，既然是鬼，一扇门哪拦得住他们？

那我应该先溜为妙了？

这时，门铃声停了。

我咕嘟吞下一口唾液，战战兢兢地走到门口，看着猫眼。但我只是看着猫眼，并没有直接透过猫眼看外面，因为我还在犹豫，现在透过猫眼往外看的话，会看到什么呢？

丁零，靠，门铃声又响了。

但这次的节奏不一样，响了第一声后，隔了一阵子才响第二声，我还听到几句脏话。

我一喜，透过猫眼一看，是管理员，还在打着哈欠呢。

但想起上次“王太太”的经验，我还是不放心地隔着门问:“大哥，是你吗？”

“不是我是谁啊？那么晚了打电话到管理室干吗？”

我又问:“你怎么会自己上来的啊？”

“我怎么不自己上来？我刚被你吵醒正要接电话你就挂了，打上去又说通话中，我不上来怎么知道你打给我干吗啊？”

看来应该是管理员没错了，尽管还是有些不放心，但我还是打开了门，胆战心惊地问:“你……真的是你？上来没遇到什么事吗？”

管理员怒气冲冲地说:“妈的怎么会遇到什么事？你倒是说，打给我干吗？”

“没……那个，我想出去买酒，可是你知道的，现在是……那个月，我不大敢一个人出去。”现在我对他们不敢那么随便提起“鬼”字了，顺便掰了个叫管理员陪我出去的理由，虽然有点那个……不过现在我只想快点离开这栋公寓。

管理员真的是阳气旺盛，胆子还很大，大咧咧地说:“鬼月就鬼月，什么那个这个的？你都这么大了还不敢一个人出去？我看是睡不着想跟我喝酒吧？”

“哈，被你说中了。”我随便他怎么讲。回房拿了钱包，披上外套后就出门了，一出门我看到电梯停在八楼，不禁问管理员，“大哥，你刚刚是坐电梯上来的？”

“不然我爬八楼吗？不坐电梯要怎么上来？”

我本来想提依依不见的事情，但想想算了。

管理员按下了电梯开关，电梯门轰地开了，像一张等待猎物的大嘴巴。

“快进来啊，磨蹭什么？”管理员进去按住了开关，催促我赶紧进去。

老实说，我真的是不敢搭电梯，如果我跟依依一样消失不见的话……但要说服管理员大哥走楼梯他铁定不听，而且走楼梯下八楼可要一段时间。算了，就电梯吧，咬一咬牙坐到一楼，那便什么事都没了。

我一咬牙，进了电梯。

管理员按下了一楼的按钮，电梯就轰轰地往下移动。

移动到七楼。

然后六楼……

“你知道有个女生在电梯不见了吗？叫依依的，住在你楼上。”管理员这时候说。

真是哪壶不开提哪壶，我不想记起这事你硬要提。我随便回答：“嗯，知道一点。”

五楼。

管理员又说：“最近公寓事情真多呢，老赵疯了，阳先生自杀了，又有个小女孩不见了，事情再闹下去，这公寓还有没有人住呢？”

靠，我打算明天就搬走了，还住人呢。我心里虽这么想，但我却口是心非地说：“放心啦，这阵子事情多，大哥你人那么好，住户都挺你的啦！”

四楼。

管理员改了个话题，问我：“你最近看到过张先生吗？好一阵子没看到他了，该不会被炒鱿鱼了，现在都躲在家里找工作吧？”

不会吧？连张先生也……“我也不知道，应该吧？”我说这话的时候很明显感觉到我的语气在颤抖。

三楼。

“大概真的到了鬼月，奇怪的事情就比较多吧，唉，其实鬼月只是一个习俗，都是心理作用……”管理员有点感叹，而我只能随便答是啊是啊。

鬼月对阳气旺盛的管理员来说大概没什么吧，但对我们这种人来说……唉。

二楼。

快到了快到了……

“喂，小戴，问你一个问题。”管理员突然转头正脸看着我。

“嗯？”

“我真的长得像管理员吗？”

一楼。

电梯门打开了，里面却空无一人。悬疑志

派送地址

Mi Yu

迷寓

文 / 路边摊 图 / 七彩明明

这可奇了，我把贴在掌心上的订单贴纸对过好几次了，也拿着贴纸把这巷子进进出出的人每个都问过了，就是没人知道这地址在哪里。后来有几个热心的住户跑出来帮忙，也是一看地址就摇头说："巷子是我们这条没错，可是没听说过这号码啊。"

难道是被骗了？反正外送比萨偶尔会接到这种骗单，我也不太意外。

照订单的地址来看，还有楼层号码呢，应该是栋公寓，但既然是公寓，怎么同条巷子的住户会没听过呢？

我当然也打过电话了，但电话竟然打不通，这让被骗的概率又大大提升了。算了，反正又不是第一次被骗。

正要打电话回店里汇报状况的时候，旁边的一扇大铁门打开了，一个年轻男子走了出来，饶有兴趣地看着我说："咦？送比萨的啊？"

"是啊。"我回道，这时我才想起从进到这条巷子里来后好像没有看到有人从这扇铁门里面进出过，而且……咦？刚刚这里有扇铁门吗？

先不想那么多，这时我隐约透过铁门跟年轻男子之间的细缝看到里面好像有电梯……电梯？

"大哥，借问一下。"我把贴着订单数据的手掌移到他面前，"我在找这个地址，你知道在哪吗？”

年轻男子却大大地“咦”了一声，怀疑地打量了我和手掌上的资料一下，说：“我们这栋就是啊。”

唉，原来远在天边，近在眼前，刚刚跑来帮忙的住户只能说都在唬我。“谢谢啊。”我跟他道谢了一声，马上从机车上拿了比萨进了铁门里面。

正要按下电梯按钮时，年轻人站在门外问我：“喂，我们这栋楼有人叫外送啊？”

“是啊，怎么了？”我边问边按下按钮。

“哦，没什么，那你上去吧。”年轻男子挥挥手，用一种奇怪的目光看着我进了电梯。大概是他太久没吃过比萨了吧，心里也想叫一个外送来吃。

照着订单的地址来看的话，客人应该是在三楼，然后我只要找到门牌号码就好了。

但一抵达三楼，电梯门一开，眼前一排没有标示号码的房间让我愣住了。靠，这公寓穷到连门牌、房间号码牌都没有吗？

我端着比萨，在走廊上逛了一圈，果然所有的房间都没有号码，空荡荡的走廊上只有我的脚步声在回响着，整层楼好像只有我一个人似的。

我想拿出手机再试着打电话，却发现信号是零格，太扯了吧？刚刚在外面是打不通，但至少还有信号，怎么一进来就变成了零格？这什么鬼公寓？

我又不能一间间地敲门问有没有订比萨，除非他听到我的脚步声自己走出来，但这位客人不知道是耳聋还是怎样，我在走廊上散步了十分钟之久他还是不出来认领他的比萨。我只能求别的住户帮忙。

我选了一间在电梯旁边的房间，门缝下面是亮的，里面铁定有人。我敲门后，一个戴着厚重眼镜，穿短裤 T 恤，顶着鸟窝头，疑似宅男的男子打开了门。

“不好意思，我找这个号码。”我把贴纸亮给他看。

他看看我，又看看贴纸，然后跟刚刚出去的年轻男子一样，大大地“咦”了一声：“是有人叫外送吗？”

“是啊，请问你知道这号码在哪里吗？”

疑似宅男的男子……唉，太麻烦了，直接叫他宅男吧。他顶了顶眼镜看着我：“我们这里没有号码。”

“啊？”没有号码的公寓？这是什么鬼话？

宅男又说出另一句鬼话：“那个，你要不要先回去啊？”

回去？我干吗回去？好不容易误打误撞走到这里啊，没号码，那我顶多一间一间敲门就是了。

看到我不解的表情，宅男又继续说：“我不知道是谁叫外送啦，但是你是外面的人……要是等一下被其他人看到就不好了。”

我越来越糊涂了。

这时隔两间房门之外的房间门开了，一名中年妇女探头出来，看到我，反应竟比前两个人都还激烈，大声喊道：“喂！你是外面来的是不是？”

一开始我还以为比萨就是她叫的，正要走过去，但她接下去连吼了好几句话：“你怎么找到这里来的？是哪个白痴叫的外送？怎么让外面的人进来了呢？阿志是不是你叫的？怎么让他进来了？”

当妇女喊到后面两句的时候，宅男似乎很害怕，用力摇头否认：“不是，不是我叫的，我也不知道是谁。”

大概是因为中年妇女音量够大，整层楼的人都听到了，房门纷纷开了，有男有女，有老有少，许多人都出来了。而那中年妇女还在吼着：“不是你叫的他怎么会站在你门口？你知道如果外面的人把我们的事情泄露出去有多严重吗？大家来看看，阿志这家伙让外面的人进来了，我们怎么办？”

阿志这个可怜的宅男有理说不清，只能不断挥手摇头，我也想帮他解释，但我们说什么没人能听到，因为都被那妇女的声音给盖住了。

直到一个老人把中年妇女安抚下来，我跟阿志才把事情解释清楚……不对啊，我还不清楚这到底是怎么回事，什么叫做外面的人？

“那么是谁叫的外送？自己承认了吧！”老人年纪看起来也有八十了，但声音却清楚洪亮，显然内功有成。

一个清脆的哭声在众人之间响起，大家纷纷转头看去，是一个不到十岁的小男孩，哭啼着说："是我……订的……陈阿姨不要骂我……"

那中年妇女哪管他说什么，更是破口大骂："什么东西？你爸妈没教你不要让外面的人知道我们这里吗？现在外面的人进来了，我们的事情全给他知道啦！"

欧巴桑总有先入为主的坏习惯，我现在根本什么都不知道啊。

老人瞪了那个陈阿姨一眼，陈阿姨那张似乎不骂死人不罢休的嘴巴总算停了下来，眼睛反而狠狠地瞪着我看。靠，我是哪里惹到她啦？不过送个比萨而已。

"基基的爸妈还没有来，现在他是一个人住，难免会怀念外面的东西，你也没必要那么凶，反正我们在这里又待不久。倒是你……" 老人说到这里，指了我一下，"你是怎么找到这里来的？"

是啊，我原本也找不到这里的，多亏了那个年轻男子……于是我如实说了。

听我说完后，人群里面有人拍手大叫："一定是另民那小子！他现在不在，铁定刚刚出去找东西吃了！""是啊，一定是他，等他回来后好好教训他一顿！"

看着众人同仇敌忾的模样，我开始害怕起来了，年轻男子让我进来就要被教训一顿，那我这个"外面来的人"会有什么样的下场啊？

老人则一边走到我面前，一边念念有词："难怪啊，有地址，我们又刚好有人出去……难怪你进得来，唉，给我吧。"

我本能地把比萨端给老人，老人却嘿嘿一笑："我哪要这个，我说地址！"

我这才领悟过来，把手上的订单贴纸撕下，交给老人。老人接过贴纸，马上撕成碎片，厉声对我说："小朋友，我看你也不是故意的，等一下出去以后你别跟其他人说出这里的事，否则有你好受，嘿嘿。"

老人不怀好意的笑容吓得我心寒，连连点头称是，但比萨怎么办呢？

"比萨叫了都叫了，基基，上来付钱啊。" 老人朝那小男孩招呼了一声，小男孩擦着眼泪走过来，给了我几张钞票，我快速找钱把比萨给他后，用眼神征询着老人我接下来该干吗。

“还看什么？快走啊！”陈阿姨看我还赖着不走，又骂了几句。我吓得几乎跳起来，逃进电梯里赶紧下楼。

走出铁门外面，我的心还是猛烈地跳个不停，这是什么鬼公寓？下次如果有接到这里的单我绝对不会来送！

“靠……好重……”旁边突然传来几声咒骂声，我又吓得一惊，发现原来是一个中年男人在移动其他机车好把自己的车子给塞进去的时候，我松了口气，今天的怪事也够多了，我已经经不起一吓了。

等一下……

我看了一下那扇铁门的两旁，就算铁门前面不能停的话，旁边的位置也还算够，这大叔怎么不停这里？

“大叔，这铁门旁边还有位置啊。”我好意提醒。

大叔瞄了我一眼，没好气道：“小子别耍我，哪来的铁门？”

“有啊，这不是吗……”我转头一看，不由得傻了。犹如大叔所说的，哪来的铁门？

原来铁门前的位置，竟被满满的机车给占据了。

我说不出话来了。

回到店里时，同事问我怎么外送那么久，我打死不敢说。

而在点钱的时候，我发现钱包里面竟然有一沓冥钞，而点了缺失的钱后，竟然就是少了那笔外送的金额（不把冥钞算在里面的话）。值班主任还以为我在开玩笑：“现在是鬼月啊，鬼门刚开，开这种玩笑小心真的碰上鬼，钱藏哪里去啦？拿出来吧。”

啊，现在是鬼月？我都没注意到。

难怪啊……最后那笔钱我自己贴了。

后来我几次骑到那个巷子里面，再也没看到那扇铁门。

不过那个地址，我倒记下来了。

下次鬼月如果又接到这里打来的电话，打死我也不会送了。悬疑志

文 / 狂海龙少

术，道也。

——《广雅》

在某些古典书籍中，称西方之术为魔，东方之术为法。后来逐渐演变成如今所谓的西方魔法，东方道术。然而殊途同归，无论是西方魔法还是东方道术，它们的本质是一样的。利用人与自然的某种和谐，去沟通自然界的元素，使之借为己用。东方把这些元素称之为：金，木，水，火，土，阴，阳；西方则称为：水，火，风，电，光明，黑暗等。术，道也。只要是术，就无法脱离与自然的沟通，因此，万术同宗。某种意义上说，如若你对东方元素有一定的感知力，那么同样的，你也可能成为一个魔法师！值此，测看你的元素感知力。

测试开始：

一、你是否有过这样的经历：在没有外界因素的干扰下，原本酷热的夏季你却感觉到清凉异常？

有【2分】　　没有【0分】

只能说不热【1分】

二、你是否有过这样的经历：在没有外界因素的干扰下，原本寒冷的冬季你却感觉到异常温暖？

有【2分】　　没有【0分】

只能说不冷【1分】

三、夏季到来，你有一次外出旅游的机会。你会选择：

茂密的森林【2分】　　宁静的湖边【1分】

荒寂的高山【0分】

四、和煦的阳光，没有往日的酷热，只是温暖，这时你会选择：

晒太阳【1分】　　还是在阴凉的地方好些【2分】

无所谓【0分】

五、月上枝头，星辰点点。这样的夜晚并不多见。你会选择：

独行月夜下，尽观满天星【2分】

月下友留过，举杯共赋诗【1分】

空影入寒窗，独卧锦榻旁【0分】

六、你一个人走在小溪边，看着小溪，却发现浑浊异常，原因会是：

这里的水原本就是浑浊的【0分】

这里的水是澄清的，自己看花了眼【2分】

自己把清水搅浑浊了【1分】

七、这是一个魔法世界，每个人都可以修习魔法。修习单系魔法的成功率为百分之百，双系魔法的成功率为百分之十，全系魔法至今还没有人成功。你会选择：

单系魔法【1分】　　双系魔法【0分】

全系魔法【2分】

八、机缘巧合，你意外地获得了一本魔法书，魔法书上标明，学习的话可以使用冰火双系魔法。冰火双系的魔法已经有数百年无人修炼，但这本书崭新无比。你会选择：

马上修习【0分】　　仔细研究下【2分】

详读后再决定【1分】

九、你认为对于一个魔法师来说，最重要的道具是什么？

法杖【1分】　　法袍【0分】

法石【2分】

十、你是一位火系魔法师，但突然间有人告诉你，火系是从水系中演变出来的。而告诉你的人是位水系魔法师。你会认为：

他在骗人【0分】　　或许是真的【1分】

一定是真的【2分】

计算你的总得分，并与以下答案进行对照：

0~5分：

元素感知率为5%，相对而言十分困难。因为本身的原因，你对元素的感知力低得吓人，几乎没有修习术的可能。

6~10分：

元素感知率为15%。普通人的范围，修习术的可能性也低得超常。不过最起码有着一种对自然的亲和，这在修炼方面十分重要。

11~15分：

元素感知率为35%。比较中性的一个选项。到这个选项的你表示有可能会修术成功，但一切还要看你自己。总的说，你的元素感知和亲和能力都比普通人要高，所以可以一试。

16~20分：

元素感知率为75%，天生元素感知率较高的你有很大的概率修术成功。然而这并不是一件好事，物极必反，修术的同时也意味着更大的危险。（一笑测之）

微专栏：163 个字符的恐怖故事

《悬疑志》联合网易读书频道，特邀何马为《微专栏》嘉宾主持人，以网易微博为基地（http://t.163.com/zt/book/xyjd01），长期征集诡故事，优秀作品将刊登在杂志上，选用即付稿费。请登录网易微博，创作 163 字以内的故事，写下专属你的微博诡故事。

发布

@ 飘逸的马：撞鬼第一大特征，独自行走之时，感到背后有凉风吹过，但并非清凉的感觉，而是带着一种汗毛耸立的阴冷，顺序是从尾椎附近一直蔓延到颈椎，然后发散至四肢，浑身冰凉，冒冷汗，可以说毫无先兆。而且经历这种事故之后，通常伴随第二大特征，感冒。遇见这种情况的人据说是最多的，我不知真假，不过感冒倒是有过很多次，也有过这种前兆。

删除 | 转发 | 收藏 | 评论

@ 飘逸的马：撞鬼第二常见特征，压床。就是在清晨即将起床之时，可以很清楚地感到自己已经醒了，也能察觉自己四肢的存在，但是仿佛整个人还在梦中，无论如何努力也无法翻身爬起，整个过程持续三至五分钟，也有自我感觉持续半小时之上的，常常会突然感到脱离了控制，猛地挣扎坐起，大口喘息，仿佛做了重体力活一样疲惫。

删除 | 转发 | 收藏 | 评论

@ 飘逸的马：第三常见特征，也是楼房里常有的情况，就是半夜睡觉时听到楼上有玻璃珠子或是别的什么物体掉落的嗒嗒声。第四种是时间错乱，也就是感觉过了很久，一看时钟却只过去一小会儿，有时候是感觉只过了一小会儿，但一看时间已经过去很久。但这种情况需要在没做什么事的时候，有时人被某件事物所吸引，也自然会产生时间错乱感觉。

删除 | 转发 | 收藏 | 评论

特邀嘉宾

何马

TA 的个人资料：

四川省　成都市

《藏地密码》作者何马

TA 的标签：

三分钟热度 自由主义者

发呆 ing 游戏　看电影 动漫

户外旅游 摄影 美剧 看书

微博名：飘逸的马

微博地址：http://t.163.com/elegantstud

我的首页

@ 提到我的

我的评论

我的私信

我的微博

我的收藏

热门话题

诡故事是检验勇气的唯一标准

想挑战午夜诡故事的恐怖指数吗？那就赶紧来试试吧！优秀作品将刊登在《悬疑志》杂志上，选用即付稿酬！

猜你喜欢

柳易 001 + 关注

戚小双 + 关注

阿冷 + 关注

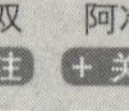

飘逸的马 + 关注

刘慈欣 + 关注

别易 + 关注

@ 快刀一把：向长寿想知道自己的死期，请大师作法。大师作了半天法，都没有请来神灵，只好调了一碗符水给他喝下。向长寿喝下符水后，立刻见到了牛头马面，他兴奋地凑上前问道："小人还有多久的阳寿？"马面拉长了脸，"哗——"的一声抖出一条铁链……牛头拿出生死簿，递给向长寿，说道："签字！"生死簿上写着：向长寿，因误喝符水而亡。

删除 | 转发 | 收藏 | 评论

@ 郎芳：有个医生，年纪大了后决定回乡下休养。一个上了年纪的人总是会回忆起很多老旧的东西，比如说，他总回忆起一张烂脸，却想不起那是谁。时间久了，居然成为甩不掉的噩梦。某日，他无意中翻出一张儿时合影旧照，看到照片上的另一个人时才惊觉：他小时候有一个弟弟，没出生就死了，从肚子里出来的时候与他连着体，一半脸上的皮肤不见了。

删除 | 转发 | 收藏 | 评论

@ 一丫二：小七浑浑噩噩地下了班，掏出手机看了看，已经凌晨 4 点多了，从街上拐进只有月光阴森森的巷子，啧啧啧，不知从哪里冒出来感叹声，小七打了个冷战，啧啧啧，这肉味闻着真鲜！小七忍不住扭头四周看了看，什么都没有，只好缩着脖子，紧紧衣领，加快了脚步，突然一阵疼痛袭来，身子像是被什么撕咬一般，而且月下自己的影子已经缺了一个口……

删除 | 转发 | 收藏 | 评论

@ 莲蓬鬼话：小王新到大学任职，做考务工作。发现某班的监考老是安排不上去，老师不是推托，就是干脆不去。听说……那个班以前有个学生跳楼自杀。无奈之下，小王只好亲自上阵，这个班清一色的是美女学生，但有一张课桌是空的。看名字似乎是男生。小王按规定在这个桌上发了空白卷并随后一起装订。分数下来，小王大吃一惊，这个"没考"的男生竟然考了 95 分！

删除 | 转发 | 收藏 | 评论

@ 宛云和弦：夜里总是肚子饿，那夜肚子又饿。辗转反侧中，突然听见寂静的窗外传来呜呜的哭声，他爬起来，掀开窗帘往下看。黑漆漆的外面，一个穿着白衣的小女孩，蹲在地上哭着。他正纳闷，谁家孩子？小女孩仰起脸，朝着他诡异地一笑，说："吃包子吗？有素也有荤。"他问，"荤的怎样？素的怎样？"她答："素的有豆沙，荤的有人肉。"

删除 | 转发 | 收藏 | 评论

@ 字恋：月朗星稀，凉风习习，他和她相偎坐在山顶。她把头轻轻地靠在他的肩膀上："每一年的今天，我们都能坐在这里看日出，真好。"他温柔地抚摸她的发梢："嗯，这是我们一辈子的约定。"她突然转过头问他："你相信这世上有鬼吗？"他一笑："信。"她低下头："其实，三年前我出了车祸……"他伸手将她拥紧："傻瓜，我知道。你不是一直问我手腕上怎么多了个疤吗？"

删除 | 转发 | 收藏 | 评论

@ 悟也空空：城市的生活让邻里关系很淡漠，我住某小区很多年，与邻居往来极少，尤其与隔壁的那家人竟然一次都没碰过面。我只知道他家人口很多，每晚都吵闹不休，还经常半夜起来做夜宵。有一天物业公司来测试燃气报警器，我送他出门，见他直接拿钥匙打开隔壁的房门进去，我问他怎么不敲门，他不屑地说："空房子，敲什么门？"我："……"

删除 | 转发 | 收藏 | 评论

@ 汉广飞鸿：赵老太不小心打破了空的墨水瓶，一条黝黑坚硬树枝模样的东西滚了出来。她找了根钉子将它钉在门上，当挂钩用。从那天开始，她总是能在深夜听到敲门声，可打开门以后又空空如也。直到当警察的儿子发现端倪，多年前在文具厂的仓库里面发生过碎尸案，警方拼凑尸体的时候发现少了一根手指。凶手坦言将它装到墨水瓶里出售了。

删除 | 转发 | 收藏 | 评论

@Q 龙 01 ：“好脏！好脏！”她不停地刷着，用钢丝球蘸满洗洁精拼命地刷。她越来越用力，洗洁精的泡沫渐渐变成粉红色。她继续刷，肉屑纷纷而下，被冲进下水道。“真白呀。”她看着自己森森的指骨，满意地笑了。

删除 | 转发 | 收藏 | 评论

@ 路边一小贱：第一次来到这个小县城，就遇上这倒霉事。我住的那家宾馆，昨晚发生了凶杀案，死者是位 20 多岁的女性，通过监控录像，没有发现任何人进出她的房间。现场，房门的把手上留下了凶手的指纹，警察排查了宾馆的每一个人，结果发现那指纹竟然是我的，正准备拘捕我，我笑了笑对警察说：“你们这群废物再看看，死的那个人是不是也是我。”

删除 | 转发 | 收藏 | 评论

@ 钟国兴：20 世纪 60 年代饥饿时期，一人饿死路边。穷得穿不上裤子的孙老六，提着烂布挡着腰部匆匆走在路上，见到这人后摇了半天没醒，知道没救就走了。走不远又转身站住，犹豫一会儿，突然跑上去扒下死者裤子，急急穿上跑了。过两天，老六突然疯了，瞪着惊恐的眼睛一直喊：“别过来，我没杀你，我就扒了条裤子！我没杀你，我就扒了条裤子！”

删除 | 转发 | 收藏 | 评论

@ 无意归：一大巴出车祸。某女医生奉命到现场抢救，却发现全车 60 余人全部丧生。她疲惫地回家，开门后，4 岁儿子惊讶道：“妈妈，这么多流血的叔叔阿姨跟在你后面，是要找你看病吗？”

删除 | 转发 | 收藏 | 评论

Zhan Li Tong Hua Xi Lie

战栗童话系列

文 / 白色七号

一个小王国的故事

战栗童话系列一

在遥远的、遥远的现在。

王子对公主说，王子不爱她了。

于是公主好伤心，每天都以泪洗面。

这时，公主的众追求者，一个又一个都跳出来了。

有人大喊着:“叫王子出来认错！”

有人大喊着:“把王子处死吧！”

这股愤怒仿佛风中的野火，迅速蔓延了整个王国。

王子的支持者也听到了。于是也站了出来，捍卫着王子。

有人大喊着:“这是你们公主的错！”

有人大喊着:“应该把公主处死啊！”

双方的抗衡愈演愈烈，只要一提到这个话题，就会有人怒骂，甚至大打出手。

国王为了这个问题，每天烦恼得不知该如何是好。

即使约谈了王子公主好几次，依然没有解决的办法。

王子依然冷漠，公主的眼泪也不停地滴落。

国王没办法了，只好乔装成平民，

想贴近民众去听听大家的意见。

可是他们，或他们，甚至他们，都不知道，

其实王子是爱上巫婆了。

黑斗篷下，白皙滑嫩的肌肤，妖艳美丽的脸庞，即使她身后那对巨大的恶魔翅膀没有藏起来，也挡不住王子迷恋她。

于是三个月后，国家灭亡了。

拥有公正裁决力的国王，在民众的一次激烈肢体对抗中活活地被践踏致死。

而鬼迷心窍的王子，在还来不及得到巫婆的情况下，就把灵魂给出卖了。

至于那些被愤怒填满心头的民众，他们几乎疯了。他们亲手杀死了任何与自己持相反意见的人，包括亲人。

那，公主呢?

她没几天后就爱上邻国的王子。很快地，她就又嫁出去了。

从此以后，过着幸福快乐的日子。

战栗童话系列二 科技时代

在遥远的、遥远的现在。

那是一个高科技的国度。

飞天的交通工具，崭新的楼房，先进的机器。

那里的人们也相当引以自豪。

可是，如此的高科技也得会驾驭才行。

所以那里的人们，不论是大人或小孩，每天都不停地吞食着数据文件。

“没办法，我们可是主宰一切的人类啊。”他们这么说。

可是，科技发展得越来越快速，

很快地，人类越来越不能负担了。

这时，就有号召重返自然的组织出现了。

他们拒绝再吞食更多信息。

他们用最基本的设备生活着。

“真正的人类，是不该负担那么多东西的。”他们这么说。

这似乎有些缓和了。

渐渐地，越来越多的人投身这个行列。

于是也有越来越多的高科技产品，

乏人问津。

这时，

那些走在科技前端的人，开始紧张了。

他们所发展的，所投入经费研究的，已不被使用。

再这样下去，他们的存在就不具意义了。

于是，他们绞尽脑汁，终于想出一个方法。

“既然人类无法消化，那就将人类升级好啦。”他们这么说。

这个点子真是划时代！

那个号召重返自然的组织，没多久就默默无闻了。

几乎所有的成员、人类，都去加入了升级计划。

如此，他们又可以重新好好地驾驭那些高科技了。

于是，

在那遥远的、遥远的现在，

人类，已经不存在了。

狮子先生

战栗童话系列三

在遥远的、遥远的现在。

狮子先生在城市中悠闲地散步。人类并不怕他，因为大家晓得他是温文儒雅又有教养的，甚至视他为守护神、吉祥物，而实际上他也好几次阻止了小悲剧的发生，比如说从疾驶的卡车底下衔走小孩等事迹。

但是这样健壮的狮子先生，也是血肉所打造的。他巡逻城市，与恶徒交手，与冰冷的机械搏斗，其过程中当然也受了不少的伤。

于是人类为了感念他，便耗尽所有的资源为他疗伤，并且为其披上刀枪不入的铁甲。

起初，先是在其柔软的肚子外围，裹上铁纱，然后覆上量身定做的盔甲。之后，又为其爪子修磨，套上铁掌足，并且在其骨头中植入钢钉，让他的挥击更加有力。

渐渐地，其他未被铁甲保护到的部分，人类们都热心地为他包齐了。

于是狮子先生也就不再受伤了，因为现在的它跟头机械狮子没什么两样。

可是，那些盔甲的重量，却让他几乎无法行动……只是为了继续巡守城市，也为了回报人类的关怀，他只好善良地、默默地承受着，硬撑着身子做出如往常的灵活动作，即使那几乎要耗尽他所有的体力。

日子一天一天过去，人类城市中的罪恶与危险层出不穷，故狮子先生也天天恪尽职守，虽然身体异常痛苦，但仍努力撑起那身盔甲。

然而，狮子先生毕竟是血肉之躯……

这样硬撑的后果，便是力量与寿命的殆尽。

到死前一刻，他都直挺挺地立着，虽然动也不动，但满身的铁胄却让他威武依旧。

人类都哭了，为他的逝去而哭了。他们献上的白玫瑰花朵几乎化成了一片海，漫天的花瓣纷飞。他们讨论着要如何厚葬狮子先生，但是铁甲因时间累积，早已和狮子先生融为一体，拿不下来。

最后，人类放弃了分开狮子先生与铁甲的念头，毕竟那身盔甲也代表了狮子先生曾有的功绩与光辉。

于是他们将狮子先生搬上拖车，然后小心翼翼地移至城市中央，恭恭敬敬地焊在原先的拿破仑铜像处。

往后，每当人类经过此处，都会仰望这座铁狮像，然后尊敬地说着：

“看，那就是为这城市英勇牺牲的英雄啊……”

在遥远的、遥远的现在。

有个叫做亚莎的小女孩，住在加盖顶楼的铁皮屋里。

亚莎的妈妈是个温柔又美丽的太太。

每次都会趁亚莎爸爸不注意的时候，给亚莎糖果、零食吃。

而亚莎的爸爸是个严肃又硬脾气的男人。

亚莎很怕爸爸。

因为爸爸总是脸色很难看，而且身上都有臭臭的工地味与汗味。

妈妈说，因为爸爸每天都工作很辛苦，所以才会这样的，我们要体谅爸爸才行。

日子就这样过去，新闻上越来越多糟糕的事件发生，

就跟亚莎的身体一样，越来越糟糕。

爸爸的脸色更难看了。

常常一见着亚莎就皱眉或是重重地叹气。

亚莎好害怕，还是妈妈最好了。总是陪着自己，总是偷偷买糖给自己吃。

但是这天，亚莎身体终于不行了。

妈妈坐在床边，脸上都是眼泪，亚莎看了也好难过好难过。

这时妈妈边哭边掏出了亚莎平时最爱吃的糖果，于是亚莎带泪笑了。

那夜，下着毛毛雨。亚莎回到天上了。

爸爸终于落下眼泪痛哭，

妈妈也哭得喘不过气来。

后来，亚莎的尸体静静地被埋葬了。

也因如此，一笔保险金顿时改善了亚莎爸爸妈妈的生活。

一切都随着时间过去，而渐渐被淡忘。

之后，妈妈甚至又再生了个儿子呢！

不过，妈妈再也不喂他吃糖了。

因为他们一家三口都过着幸福又快乐的日子了。悬疑志

逐愿尸奴②

《诡案组4》之卷十三

上期回顾：省美术院里发生了一起离奇的凶杀案，"诡案组"成员慕申羽和蓁蓁前去调查，不想却在幸存者身上得到了两份完全不一样的口供，为了弄清事情真相，慕申羽和蓁蓁来到了事发地点——一座荒废墓园，进行深入调查。突然间，墓地中闪过一个鬼魅身影，两人于是紧追了上去，身影进到了一个小村庄后就不见了，此时已是凌晨两点多，村内各家各户皆关门闭户，只有治保会办公室的灯还亮着，两人决定进去问问情况——

文 / 求无欲　图 / 豚宝

第五章　荫尸传说

昏黄的灯火、蒙尘的地面、破旧的家具……治保会办公室内的一切皆散发着一股破败的慵懒气息。这里有两个人值班，其中一名五十来岁的老头子正躺在破旧的皮沙发上睡觉，另一个二十出头的青年则在看着电视机播放的无聊节目，并不断地打哈欠。

我向自称阿忠的青年道明来意后，他便一脸煞白地问道："什么？你们是从墓园追过来的？！"

"是啊，有什么问题吗？"蓁蓁不解地问道。

阿忠的脸色很难看，身体也微微颤抖："那可不得了，我们村里的人晚上绝对不会

靠近墓园。”

蓁蓁的好奇心似乎被挑起了，急切地追问:“为什么？墓园有古怪吗？”

“那里，那里……”阿忠的嘴角抖动，好一会儿才能把话说出口，“那里有僵尸！”

“僵尸？世上真的有这种东西吗？”蓁蓁不由得颤抖了起来。

“你们在吵什么啊？”我们谈话的声音把正在睡觉的老头子吵醒了。

“基叔，他们是警察……”阿忠把我们刚才的谈话，简要地告诉这位名叫基叔的老头子。

基叔知道我们在墓园发现一个诡秘的身影后，脸色也顿然煞白了，睁大双眼看着我们，过了一会儿才问道:“你们真的在墓园里看见人影了？”

在得到肯定的回答后，他又说:“没可能啊，墓园已经废弃了十多年，怎么还会有僵尸出没呢？”

我皱起眉头:“这么说，那里之前真的有僵尸出没了？”

“那已经是十多年前的事了……”基叔点了根烟，瘦弱的躯体不停颤抖着，向我们讲述墓园荒弃的经过——

我们村有个叫陈强的家伙，因为他伯父陈贵是村长，所以他用很低的价钱承包了村里的鱼塘。就是村口那个大鱼塘，你们从墓园跑过来的时候，应该看见了吧！我们村之所以叫塘仔村，就是因为这个大鱼塘。

因为有村长撑腰，所以陈强的鱼塘经营得很顺利。几年下来可赚了不少钱，又买车又盖房，娶媳妇时还请上全村人喝喜酒。不过，他也就风光了这几年，自从他们家的老太爷下葬后，鱼塘就出问题了。

他的鱼塘里本来养满了鱼，多得都快要挤出水面了。可是，有一天他捞鱼出水的时候，却发现鱼塘里的鱼莫名其妙地少了一大半。开始时，他怀疑鱼塘受到了污染，又或者鱼塘里的鱼患上传染病病死了。但仔细一想又觉得不对，鱼死了肯定会浮上水面，可他却没发现这情况。而且他捞上来的鱼都很生猛，一点生病的迹象也没有。

因此，他又怀疑会不会是夜里有人来偷鱼。

他特意请人到鱼塘守夜，守了个把月也没发现有人偷鱼。可是，他下水检查鱼的数量时，却发现跟之前相比又少了一大半。他想可能是守夜人偷懒，没帮他把鱼塘看好，可是一连换了几个守夜人，情况还是一样。每次下水检查，他都觉得塘里的鱼明显比之前少了很多。

后来，他干脆自己去守夜，结果还是没发现有人偷鱼，但是鱼的数量依然不断地减少。虽然他一再添补鱼苗，可是这鱼塘就像个无底洞，怎么塞也塞不满，收成比之前锐减了六七成。

他左思右想也想不明白到底出了什么问题，只好花钱请了几个养鱼经验丰富的养殖户过来帮忙找原因，可是终究也没找出问题所在。

塘仔村就这么一个巴掌大的地方，而且鱼塘的怪事又持续了两三年，早已在村民口中传开，大家都怀疑鱼塘里面藏着什么怪物。怕哪天怪物把鱼塘里的鱼都吃光了，说不定会跳出来吃人，吓得大家都人心惶惶。

陈贵也怕这事早晚会牵出大乱子，影响到自己的官位，于是就叫陈强干脆把塘水抽干，剩下的鱼能卖的都卖掉，换上新的鱼苗重新养殖。

陈强当时已经用尽了所有方法，但仍没找出鱼塘到底出了什么问题，只好听从陈贵的吩咐，抽水“干塘”卖掉剩下的鱼，然后再放水下鱼苗重新养殖。他本以为这样就不会再出问题，可是新鱼苗还没养大，数量就已经开始减少，一批鱼苗放进鱼塘里用不了一个月竟然全都没了。之后接连放了两批鱼苗下鱼塘，结果还是一样，不到一个月便全都消失得无影无踪。

虽然说承包价低得几乎是白送，但鱼苗可是要花钱买啊，再这样下去早晚会把老本赔光。就在陈强打算放弃承包鱼塘的时候，突然想起鱼塘好像是在老太爷过世后不久才开始出问题的，不禁怀疑会不会是家族墓园的风水出了问题？

他把这个想法告诉陈贵，陈贵也觉得这件事不简单，而且村民早已就鱼塘的怪事议论纷纷，作为村长总得做点事安抚人心。

为了平息这件事，陈贵请来了风水师傅，带同家族里所有男丁及部分村民一起去查看墓园的风水。我那时候就已经在治保会工作，所以也被叫过去做跟班。

风水师傅一进墓园就觉得不对劲，拿着罗盘在墓园里走来走去。陈贵问他怎么回事，他什么也没说，只是不停地摇头。后来，他走到老太爷坟前，拿着罗盘捣弄了半天才开口说："不好了，不好了，谁这么缺德坏了这里的地气。你们马上拿工具过来，趁现在是正午把这坟挖开。"

挖坟可不是小事，陈贵当然不敢轻易答应，连忙问到底是怎么回事。风水师傅也没解释什么，只说必须马上把老太爷的尸体挖出来，不然会出大乱子，鱼塘的怪事只是个开端，再不动手也不知道还会有什么大麻烦。

见之前一直神色自若的风水师傅，此刻紧张得满头大汗，陈贵不禁也着急起来，立刻叫我和其他随行的治安队员去找来工具，把老太爷的坟挖开。

开始时，我们都不知道风水师傅在搞什么鬼，以为他只不过故弄玄虚，想多敲点钱而已。不过撬开棺盖那一刻，我们都给吓呆了。

老太爷咋说也已经下葬了三四个年头，可是身体不但完全没有腐烂，而且指甲还长得老长，头发也长了不少。更可怕的是，他的眼睛竟然还半睁着，看上去就像个躺在棺材里的活人，感觉随时会跳出来咬人。

我当场就被吓呆了，要不是一个伙计拉我，我也不知道往后撤。我们都往四周散开，可陈贵的孙子不知道是吃错了药，还是鬼上身了，竟然跑到棺材前面叫了声"太公"。

他这一叫，老太爷居然坐了起来！

墓园被高大的榕树包围，就算是正午也有种阴森的感觉，而老太爷这一坐可真把我们的胆子全都给吓破了，如果是晚上肯定会有人吓得尿裤子。死了三四年的人竟然还能坐起来，谁知道他会不会真的跳出来咬人。同行的人大多都被吓跑了，我虽然也想跑，可他妈的竟然双腿发软，想跑也跑不动。

风水师傅还算有点真本事，冲上前把陈贵的孙子扯到后面，从兜里掏出一张道符贴到老太爷的额头上，按着他的额头顺势把他压下去，让他躺回棺材里。

随后，风水师傅告诉我们，墓园被人做了手脚，破坏了附近的地气，使这里变成养尸地。老太爷下葬后，尸体不但没有腐烂，而且还不停地吸收附近的地气，变成了"荫尸"。鱼塘里的鱼之所以莫名其妙地消失，就是被他"吸"掉的。

幸好及时发现，要是再过些日子，老太爷的眼睛会越睁越大，到完全睁开的时候，眼珠还能转动，再假以时日便会破土而出到处害人，甚至祸害一方。本来以现在的情况，他还不能活动，但刚才陈贵的孙子在棺材前开口泄了阳气，他就顺着这道阳气坐了起来。

风水师傅让陈贵当场把老太爷的尸体火化，还吩咐要立刻把墓园里其他尸体都挖出来，迁移到别的地方安葬，这个墓园以后也不能安葬任何尸体。

陈贵当时被吓得三魂不见七魄，对方说什么他都毫无遗漏地照办，不但立刻火化老太爷的尸体，还把整个墓园翻个底朝天，把所有先人的遗尸都挖了出来连夜迁坟。

之后，风水师傅又让陈贵使人在墓园入口两旁的榕树上，吊上两排死猫，还洒了一地狗血，说"死猫树上吊，死狗随水流"能安魂封墓。封墓之后，墓园就是游魂野鬼的世界，生人切勿踏足。尤其是凌晨一点至三点这段时间，谁进墓园谁倒霉。

自此以后，陈家墓园就荒弃了，我们村里的人就算是白天也不会去那里……

听完墓园荒弃的经过后，我心里有几个问题，于是便逐一向基叔发问："据我所知，强制火葬在本地已经实行了二十多年，老太爷为什么还能土葬呢？"

"这是老太爷自己要求的，咳……"基叔大概因为说话太多，喉干咳嗽，喝了口茶才继续说，"他可算是死得不是时候，刚赶上强制火葬。老人家思想很传统，生前一再强调死后一定要土葬，怕火葬会把他烧得魂飞魄散。陈贵也算是有点孝心，动用了不少关系，钱也没少花，硬是给老太爷弄来个华侨身份，使他能够土葬。没想到，这反倒害了自己的亲人。"

“是谁在墓园动的手脚？”这是第二个问题。

“这个问题我们吹牛皮时经常会谈到。”基叔笑了笑，不过马上就收起笑容，“陈贵虽然是村长，但平时跟我们也挺聊得来，人缘还算不错，应该没得罪过什么人。如果说有人要害他，我想大概就只有冯刚一个。”

“这个冯刚是什么人？”这是由第二个问题引出来的问题。

“是个做生意的，兜里有几个钱。”基叔又喝了口茶，“他之前跟陈贵一起竞选村长，因为陈贵的家族人丁兴旺，而且他本人的人缘也不错，村里的人大多都支持他，几乎肯定能选上。不过，冯刚也不是省油灯，为了能选上村长不惜下血本，砸了好几万块又是请客又是送礼，村里几乎每家每户都有份。陈贵也不甘示弱，同样给村民请客送礼，花了不少钱后，终于当上了村长。冯刚可能因为花了这几万块冤枉钱，一直记恨在心，所以暗中找人到墓园动手脚吧！”

“这人也真是的，自己先用下三烂的手段，选不上村长还暗中动人家的祖坟。”蓁蓁愤愤不平地说。

基叔点头道：“可能是报应吧，他后来也不好过。当年风水师傅就已经说了，做这种事最损阴德，跟陈贵说没必要花心思去找给墓园动手脚的人，因为老天爷自会收拾他。自从墓园荒废后，冯刚的生意就开始出问题，两年不到钱便赔个精光。后来还得了癌症，五六年前就死了。”

“那无名尸又是怎么回事？听说墓园里埋了很多无名尸呢。”这本来是我的第三个问题，不过蓁蓁替我问了。

基叔皱着眉头思索片刻，突然恍然大悟：“哦，我想起来了，应该是美术学院的学生跟你们说的吧！”

我跟蓁蓁一同点头，他解释道：“前几年，那里的确是出了条人命。当时有个学生抄近路，从墓园附近返回美院，途中被两个小混混抢劫。那学生也不是个好招惹的主，跟小混混打了起来，被捅几刀之后挂了。小混混怕东窗事发，把尸体扔到墓园附

近，之后就跑到外省去了。幸好这两个小混混没有把尸体扔到墓园里面，要不然可能会弄出更大的乱子。这案子被你们警察侦破之后，我们怕还会有学生出事。于是就让学校的领导骗他们说，这段路经常有贼匪出没，不但抢劫而且还会杀人灭口，墓园里遍地都是受害者的尸体。后来，这事在学生口中流传，越传越离谱，说墓园是藏尸圣地，经常有黑道大哥杀人后，把尸体往里面埋。不过这也没关系，反正我们只是不想学生走那条小路，所以就懒得去解释。"

如果陈氏墓园真的发生了如此可怕的事情，那么我们看见的人影会不会是已经变成"荫尸"的沈婷悦呢?

或许，我们该到法医处走一趟，方树的尸体说不定能为我们提供一些线索。

第六章　荫尸再现

"嘿，阿慕，蓁蓁，你们这么早就来找我了！"

每次来到法医处，流年总会张开双臂欢迎我，当他身上那股终年不散的尸臭味扑面而来时，我总有一脚把他踹飞的冲动。不过，怎么说也是来找他办事，总不能不给他一点面子，只好立刻闪身到蓁蓁背后，免得沾上他的尸臭。

"靠，你用得着这么对我吗！"他瞪了我一眼，随即又换上笑脸，热情地伸出双手，准备跟蓁蓁握手。

蓁蓁跟我来多了，早就知道该怎样对付这个猥琐法医，立刻把双手藏到身后，露出友善的笑容:"早啊，叶医生。"

流年没趣地摊开双手:"你们是为省美术学院的案子而来的吧?"

我没好气地说:"要不然我们一大早来找你干吗?！"

“我突然想起一个师弟闹的笑话。”他不好意思地笑着。

蓁蓁好奇地问道：“是什么笑话呢？”

“是这样的……”他故作神秘地笑了笑，“我有一个师弟暗恋一个师妹，想跟人家约会但又找不到借口，只好跟人家说：‘嘿，今晚有空跟我去看尸体吗？’”

“你不觉得这个笑话很土吗？”蓁蓁不屑地瞥了他一眼。

“嗯，的确是很土，但是现在不就有人在用吗？哈哈……”他突然对着我大笑，分明是取笑我以看尸体为借口，跟蓁蓁约会。

蓁蓁愣了片刻后，似乎已明白他的意思，虽然没有做声，但俊俏的脸颊骤然红润了起来。

开过玩笑后，流年把我们领进解剖室，在这里我们看见一具被白布盖着的尸体。流年特意提醒蓁蓁，死者的死状很可怕，叫她做好心理准备。

眼前的情景让我想起诡案组成立后，第一宗调查的案子——医大女鬼案。这两宗案子有很多类似的地方，同样是三名夜归学子受袭，同样是疑似受到鬼魅等超自然力量的袭击，但这次幸存者有两人，而不是一个。

“准备好没有？”流年说着便把白布掀开。

白布之下是一名全身赤裸的年轻男性尸体，体形较为肥胖，给人一种孔武有力的感觉。他要是还活着，我肯定打不过他，更别说徒手把他杀死。然而，此刻他却无助地躺在冰冷的解剖台上，以遍体的伤痕诉说着死前所受的痛苦。

尸身遍布可怕的伤痕，铁青的脸颊上，左眼球不知所终，右额的伤口使头骨暴露于空气之中，从伤痕判断应该是被咬的，我甚至能看见留在头骨上的牙印。整具尸体从头到脚基本上没有一块完整的皮肤，牙齿及指甲留下的伤痕覆盖了整个躯体，虽然经过清理，但仍让人触目惊心。

在众多的伤口中，最令人恐惧的是喉咙上的血洞，我想这处应该就是那致命的一击。

流年拿着报告，准备给我们讲述死者的情况时，蓁蓁突然飞扑到垃圾桶旁，“丢弃”肚子里的早餐。

我无奈地摇头：“真不知道你这刑警是怎么当的。”虽然已跟我处理过不少命案，但她对恶心事物的承受能力仍有待提高。

流年耸肩道：“女生嘛，觉得恶心也很正常。”

我严肃地点头：“这个我明白，要练成你这样的变态，不是一朝一夕的事情……靠，你想干吗？”流年竟然把盖尸体的白布披到我头上。

打闹过后，流年换上了严肃的表情，向我们讲述死者的情况：“死者方树，二十二岁，身上共有抓痕四十五道，被咬的伤口共有七处，其中喉咙部位的伤口为致命伤，因为血液堵塞气管导致窒息死亡。”

我看着尸体脖子上的可怕伤口，皱眉问道：“确定是被凶手徒手杀害的吗？”

流年放下手中的报告，没好气地回答：“不用做尸检也能确定好不好。”

事实的确如此，光凭尸体脖子上的血洞，就知道死者是被凶手以最原始、最野蛮的方式杀死的。现在的问题是，正常人有可能做到吗？如果说凶手是头野兽，那么此案便毫无悬疑。但问题是柔弱的沈婷悦有可能做到吗？难道她真的变成了“荫尸”？

“这道伤痕是怎么回事？”我留意到死者手臂上有一道已经愈合的伤痕。

流年瞥了一眼死者的手臂：“从愈合程度推断，大概是一个月前弄的，可能是被树枝之类的东西刮伤，跟本案应该没有直接关联。”

麦青河曾经说过，方树对沈婷悦施暴时，手臂上被对方用折断的画笔划伤，这道伤痕从侧面验证了他没有撒谎。

我把已知的情况告诉流年，询问他的看法。他皱眉思索片刻后，答道：“我曾经听说过这样一件事，一名妇女为解救被轧在车轮下的儿子，徒手把重达数吨的汽车掀翻。”

“那是活人的情况，但沈婷悦很可能已经死了。”我说。

他摇头道："这不是生死的问题，而是潜能的问题。人的潜能是无限，当然要把潜能激发出来，必须有特定的条件。只要能把潜能激发出来，超越生死也不是没有可能。你没发觉在众多电视剧当中，某些角色就算身受重伤，也非得把话说完才死吗？其实这不一定是因为编剧蹩脚，事实上坚定的意志往往能让临终之人强撑一段时间，这在医院的重症病房是很常见的事情。不过像沈婷悦这样的情况，似乎就撑得太久了。或许，还能有别的解释……"

我给他抛了根烟，催促道："别卖关子，想到什么就赶紧说吧！"

"我们到外面再说。"也许是出于对尸体的尊重，流年很少在尸体面前抽烟，虽然他经常会对着尸体吃饭。

在解剖室门外，点燃香烟后，流年便问我道："知道什么是丧尸吗？"

"有听说过，你认为沈婷悦变成了丧尸，而不是荫尸？"

"不管是丧尸还是荫尸，都是僵尸中的一种，不过两者的形成稍有区别。不妨先说说，你脑海里的丧尸是什么模样。"他悠然地抽着烟。

流年突然抛出这个古怪论调，必定有其独到的见解，于是我便把所知道的说出来："据我所知，所谓的丧尸是巫师以秘术将活人直接转化而成，虽然力大无穷，但行动缓慢，而且没有思考能力，只能任由巫师摆布。在失去巫师控制的情况下，它们只能以动物的原始本能生存，会因鲜血的味道而疯狂，速度突然加快，以求在第一时间用新鲜的血肉填满肚子。"

"这只不过是道听途说的传闻罢了。"他轻轻摇头，"其实，丧尸并非幻想中的产物，实际上它们的确存在于这个世界。"

"真的有这东西吗？"

蓁蓁虽然流露出些许畏惧，但同时亦摩拳擦掌，似乎已经从刚才的呕吐中恢复过来。只要对方是有形的实体，而非虚无缥缈的鬼魅，她便有打倒对方的信心。当然，如果对方是一具腐烂不堪的尸体，那么我会有所保留。

“当然有了，但跟你们想象中不太一样。”他抽了口烟又道，“在通常情况下，丧尸是由巫师用秘术制造出来的。不过所谓的秘术，实质是通过药物使活人变成‘活死人’，再配合声乐、气味等刺激方式加以控制。简单而言，丧尸就是还没完全死亡的活人。因为受到药物的影响，掌管思考的大脑严重受损，所以只保留低等动物般的思考能力，譬如找寻食物，攻击敌人等。同时因为大脑受损而引发变异，使它们变得力大无穷。但相对而言，它们小脑的功能保存得比较完整，所以纵使行动缓慢，但基本上能像活人般活动。”

他把烟头掐灭后，又继续说:“现在这年头，会驱使丧尸的巫师恐怕比不贪的清官更难找。但我倒听说过，活人在特定的情况下，也会变成丧尸。”

“是什么情况呢？”或许是因为好奇，蓁蓁的畏惧之色已荡然无存。

流年答道:“刚才已经说了，丧尸其实是大脑严重受损的活人。所以，头部受创、窒息、中毒等情况，都有可能使活人变成丧尸。当然，只是‘有可能’而已，概率比中彩票头奖还低。”

“废话！”我白了他一眼，“我这辈子就没听说过哪个彩票头奖得主是有名有姓的。”

他耸肩道:“我只是打个比方而已，反正这种事虽然机会微乎其微，但也不是绝无可能。”

虽然活人因意外而变成丧尸可说是万中无一，但也不是绝无可能。而且据麦青河所说，沈婷悦是被方树掐住脖子以致窒息死亡，而窒息又是其中一个能使活人变成丧尸的诱因……

如果事实真的像流年所说，沈婷悦因窒息而变成了丧尸，那么很多疑问都能得到解决，现在的问题就只剩下怎么把她找出来。

返回诡案组办公室后，我立刻向老大汇报调查情况，他闭目思索片刻后问道:“你有什么看法？”

我点了根烟，悠然作答:“悦桐带技术队的伙计去陈氏墓园调查过，已经确定人形浅坑是由里而外造成的。也就是说，有人被埋在泥土里，然后自己爬出来。而且按体形推断，被埋的人应该是女性，体形清瘦，身高大概 160cm。根据这些身体特征判断，被埋的人很可能是沈婷悦。"

"那就不好办了，死而复生可不能写进报告里。"老大嘴角含笑，狡黠的小眼睛滴溜溜地转动，不知道在想什么鬼主意。

我无奈地摊开双手:"你不相信也没办法，事实的确如此，沈婷悦死后又活过来了。而且她很可能已经变成了荫尸，或者丧尸之类的僵尸，并且杀害方树，这些都是有证据支持的事实。"

"是不是事实，还得等找到她才能确定。"他露出让人不怀好意的笑容，"好吧，我就当你说的都是事实。现在我给你三天时间，不管是荫尸还是丧尸，你给我抓一头回来。"

我跳起来叫道:"长生天啊，你以为是抓流浪犬吗？才三天时间，你让我上哪给你把沈婷悦抓回来？"

他盯着电脑屏幕上的股市行情，悠然地说:"放心，我相信你自有办法。"

"现在沈婷悦到底躲在哪里，我们并没有多少线索，只知道她的活动范围，有可能是在陈氏墓园及塘仔村附近。可是这附近全是荒山野岭，她随便找个山沟躲起来，也够我们找十天半月的，只有三天哪能把她找出来。你起码也得给我一个星期吧，或者你给我安排一队武警来帮忙，这样或许能早些找到她……"

就在我跟老大讨价还价时，办公桌上的电话响起。老大接过电话后，皱着眉头说:"现在有线索了，姓麦的小子死了，他杀，死状跟之前那名死者类似。"

我愣了一下，随即瘫在椅子上，有气无力地说:"这叫什么线索啊，这只能说明沈婷悦的活动范围比我想象中还要大。你可知道省美术学院有多大，而且周边都是鸟不拉屎的鬼地方，她随便爬到一棵树上，就够我们找两个月了。"

老大狡黠地笑了笑:"我可没说姓麦的小子是在美院里被杀的。"

“什么？”我惊愕地看着他，“不是美院，会在哪里？我之前见他的时候，他连宿舍门口也不敢出呢！”

“阿杨说他是在塘仔村附近的商业街遇害，详细情况你到了现场再慢慢了解吧！”

“嗯，我现在就去。”

我走到门口准备出去的时候，老大诡诈的声音从身后传来：“别忘记你只有三天时间。”

第七章　案中有案

塘仔村附近有一条小型商业街，麻雀虽小，但五脏俱全。便利店、餐饮店、网吧、KTV 应有尽有，主要做美院学生的生意。

商业街有两条路能通往美院，其中一条是途经陈氏墓园的僻静小路，另一条是相对较为宽敞明亮的马路，不过走这条路得花上更多时间。麦青河的尸体就是在这条马路，距离商业街约五百米路段的路边草丛中被发现的。

我跟蓁蓁赶到现场时，首先看见的是一个劲地抽烟的阿杨，黎恺敏及另外一男一女，正在他身旁接受问话。这对男女的衣着十分时尚，应该是腰缠万贯的纨绔子弟。不过男生上身只穿着一件丝质衬衫，在这清凉的季节显得有些单薄。

阿杨看见我们到来，紧锁的眉头才稍微舒展：“你总算来了，这里就交给你处理吧。”

我向黎恺敏点了下头，然后问阿杨：“什么状况？”

“今早凌晨四点多，110 报警中心接到许梓轩打来的求助电话。”阿杨往身边那位男生指了一下，“他报案说他的同学麦青河失踪了。本来这事报案中心不会让我们出警，但是他说麦青河有可能被鬼怪袭击，把接警的姑娘吓到了。毕竟这里前几天才出了宗可怕的案子，所以我们就立刻赶过来了解情况，没想到还真的出了状况。”

阿杨把烟丢到地上踩灭，随即又点上一根，“我们赶到时，大概是凌晨五点钟，当时天还没亮，而这附近又树比人多，要找个人可不容易。我先跟这三位同学了解了一下情况，然后给美院的保安室打电话，确认麦青河没有回去。到了六点左右，天色开始亮起来才开始搜寻工作，找了两个多小时终于在这里找到他的尸体。”

尸体躺在距离马路边缘约五米的草丛里，因为杂草生长得非常茂密，且长及膝盖，所以我并没看到尸体的状况。不过，我暂时也没打算过去，因为流年正在验尸，而且悦桐跟技术队的伙计也在尸体周围搜集证物。所以，我目的光落在黎恺敏及他身旁的一男一女身上。

“黎恺敏你应该见过了吧？这两位是他的同学……”阿杨给我介绍身旁的一对男女，“这位是许梓轩，这位是刘婧岚。”随后，他便翘起双手把这案子推到我身上。

我把这三名学子领到一旁，向他们询问昨晚的情况。他们的情绪略显激动，尤其是刘婧岚，一直哭个不停。这也是理所当然的，昨天还活生生的同伴，此刻却躺在五米外的草丛里。还好，许梓轩较为冷静一些，抽了一根烟后，便向我讲述事情的经过——

自从方树出事之后，小麦就一直躲在宿舍里不肯出来。作为朋友，我实在不想他继续这样消沉下去，所以昨晚就叫他到 KTV 玩。我本想给他解闷，别老是想着方树的事，可是他却死活也不肯出来，我只好跟恺敏硬把他拖出来。

酒的确是好东西，他刚进包厢时还愁眉苦脸，我们怎么逗他说话也一声不吭。但喝了几杯之后他便活跃起来，开始跟我们一起唱歌、划拳。之后他越喝越来劲，大概到了凌晨的时候，就已经跟平时没什么两样了。

看他玩得这么开心，我心里才松一口气，就跟他们说反正难得高兴，就别停下来。先玩到天亮，明天再逃一天课，想怎么玩就怎么玩，一切花费全包在我身上。

一听见我说费用全包，他就更加兴奋，一个劲地跟我们拼酒。可能因为兴奋过头吧，平时他的酒量虽然不怎么样，但这时却能一杯接一杯地喝。我跟恺敏没他状态好，没过多久就倒了，瘫在沙发上休息。岚岚也喝了不少，软塌塌地靠在我身上，可他却还一手拿着酒瓶，一手拿着麦克风独自寻欢作乐。

因为实在喝了不少，我觉得有点困，打了一会儿瞌睡。其间小麦推了我几下，说烟抽光了。我明明记得进KTV之前，在门外买了三包烟，应该没这么快抽完。可是我当时实在太困了，就没想那么多，迷迷糊糊地把钱包掏出来塞给他，然后合上眼继续睡觉。不知道过了多久，又有人推我，这回我有些恼火，眼睛还没睁开就叫骂："又缺什么了？"

然而，当我睁开眼睛时却发现，推我的人原来是恺敏，于是就问他怎么了。他问我小麦去哪了，我说好像是买烟去了。他又问去了多久，我挠了下头说不知道，因为我刚才睡着了。

我看了看手表，原来这时已经是凌晨三点多了。印象中我们喝倒的时候大概是零时三十分，小麦去买烟时应该不超过一点，而在KTV门外的便利店就能买到烟，不可能去两个多小时啊！

联想到方树的事情，我们都慌起来，打算马上结账出去找小麦。可这时我才发现刚才把钱包给他了，身上连一分钱也没有，只好让岚岚去埋单。

我们到KTV门外的便利店，问店主刚才是不是有一个戴眼镜的学生过来买烟。店主说的确是有个眼镜男来买烟，不过已经是两三小时之前的事情了。之后我们到处去找小麦，恺敏还给宿舍的同学打电话，但他既没有回宿舍，在附近也没找到他。情急之下，我们只好报警……

按照许梓轩的叙述，麦青河在外出买烟之后，就再也没有人见过他，由此推断他很可能是在返回KTV时受到袭击。不过，他之前一直害怕沈婷悦会找他报仇，不敢踏出宿舍大门半步，此时又怎么会独自跑到僻静的地方呢？

虽然与陈氏墓园外的小路相比，这条带有路灯的马路要明亮得多。但毕竟是偏远地区，除了美院的学子外，其他人一般不会走这条路。在夜半三更的时分，更是鬼影也没一个。按理说麦青河应该不会独自跑到这里来，难道他是死后被移尸至此?

在没有证据的情况下胡乱猜测，只是浪费时间的行为，要知道事实的真相，最直接的方式还是让证据说话，于是我走向麦青河的尸体。

“这里是凶案第一现场吗?”我问正在验尸的流年，同时亦对尸体作一番观察。

与之前的死者方树相似，麦青河的尸体同样是惨不忍睹，上身的衣服被撕得支离破碎，身上全是抓咬的伤痕，喉咙上的血洞明显是致命伤。虽然只是简单的观察，但基本上能肯定杀死他的，就是杀害方树的凶手。两者的行凶手法基本一致，都是野兽般残暴撕咬，常人难以做到。

“你看看周围的血迹就知道了。”流年指着附近杂草上已凝固的血迹。

我仔细查看周围的杂草，发现一条长约二十米的血路，歪歪斜斜地从马路边缘延伸过来，当中有一处血迹特别多，且有一些染有血迹的蓝色布条散落在血路旁边。

由此推断，凶手应该是在马路上袭击死者，死者慌不择路地往草丛逃走。但没走多远外衣就被凶手扯掉，并立刻撕个粉碎。死者在惯性作用下摔倒，狼狈地爬起来继续逃走，可惜很快又被凶手扑倒，且再也没能爬起来。

这又回到我刚才得出的疑问中——死者为何会独自跑到这里?

如果他是在商业街被凶手追赶，他必定会跑进 KTV，或者其他人多的地方。虽然夜半三更路人稀少，但至少 KTV 对面的便利店仍然营业，怎么会跑到距离商业街超过五百米的草丛?

他是从外出买烟开始，才离开众人的视线的，问题应该就出在这里，或许我能从便利店的店主口中得到一些信息。

正当我准备跟蓁蓁前往商业街调查时，正跟许梓轩谈话的悦桐突然把我叫住。我走过去问她有什么发现，她用夹子夹着一个湿漉漉的钱包向我展示:“在旁边的小溪里发现的。”

“是我的钱包。”许梓轩说。

我戴上技术队伙计递过来的手套，粗略地检查了一下，发现钱包是空的，里面什么都没有，便问许梓轩：“钱包本来装了些什么？”

“大约两千元现金，三张信用卡，还有学生证、KTV 的 VIP 卡之类的东西……”

“还有我们的大头照呢！”刘婧岚喃喃自语地补充道，“这大头照我可喜欢了……”

“你不是也有一张吗？哪天有空 Copy（复制）一张就行了。”许梓轩把女友搂进怀里加以安慰。

刘婧岚从手袋里掏出钱包，并打开察看，稍感安慰地说：“还好，我这张还在。”

我突然觉得，在这女生心目中，丢失喜欢的大头照，或许比同伴突然离世更让她感到难过。因此不禁感到好奇，偷偷往她钱包瞄了一眼。钱包里的大头照其实并没有任何特别之处，只是她跟许梓轩对着镜头做出非主流的表情而已。

悦桐用夹子把钱包放进证物袋里，并问道：“你有什么想法？”

“不排除抢劫的可能性。”我边说边往外走。

悦桐和蓁蓁会意地跟在我身后，与许梓轩等人稍微拉开距离，悦桐便小声说：“我才不信你的鬼话。”

我笑道：“凶手的目的肯定不是劫财，却故意制造劫财的假象。”

“既然不为钱，那为什么要拿钱包里的钱呢？”蓁蓁不解地问道。

“那我就不知道了，不过如果只是求财，就没必要拿现金及信用卡以外的东西。而且我不认为现金和信用卡对僵尸能起什么作用。”

“你还认为凶手是僵尸吗？”悦桐似乎话中有话。

“你有发现？”我向她投以期待的目光。

“暂时没有。”她娇媚地笑了笑，“待会给你电话。”

悦桐完成证物收集工作时，流年亦已经对死者做完初步尸检，准备把尸体运回法医处再做进一步检验。继续停留在现场似乎也不会有什么发现，所以我跟蓁蓁便移步到商业街，希望在这里能找到一些线索。

或许因为时间尚早，拥有数十间店铺的商业街显得十分冷清，除了几家卖早餐的小店外，大部分店铺还没开门营业。还好，我们此行没有白走一趟，许梓轩所说的便利店仍开着店门。

我们进入便利店时，并没看见店主，一连叫了几声才有一名中年男人从收银台后面爬出来。原来店主刚才一直躺在收银台后的帆布床上睡觉。我向他表明身份后，询问他昨晚的事情。

“我叫陈锋，是塘仔村的村民……”作完自我介绍后，他便开始回答我的问题。然而他的回答跟阿杨所说的差不多，大概凌晨一点，有个眼镜男过来买了两包软中华，除此之外并没能提供更多的信息。

在交谈期间，偶尔有学生来买烟或饮料之类的东西，待他闲下来后，我便笑道：“你想多休息一会也不容易啊。”

“没办法啦，像我这种没念几年书的土包子，就只能混口辛苦饭吃。”他打了个哈欠后，对我露出憨厚的笑容，“你们别看我这里只是间小店，如果没有特别的事，一天到晚也不会关门。”随后，他给我说了很多琐碎事，当中包括商业街的由来。

原来商业街并不是由政府规划兴建，而是塘仔村的村民自发建成的。自美院落成之后，便有不少学生租住塘仔村的出租屋，有村民看准当中的商机，便在到美院的必经之路开设店铺，久而久之就成为现在的商业街。

跟他闲聊了好一会儿后，并没得到有用的信息，于是我便打算离开。然而，就在我们准备离开的时候，一名十五六岁的少年走进店里，并对陈锋说：“爸，昨晚我回去后，是不是出大乱子了？”

陈锋点头道：“是啊，去美院那条路上死了个人，你没事就别往那边钻。”

少年吃惊地大张嘴巴：“靠，我才回去睡了一觉，怎么又死人了。”

“这是你儿子吗？”蓁蓁向陈锋问道。

“是啊，这个不中用的臭小子是我儿子阿光。”陈锋憨厚地点头。

“他们是谁啊？”阿光以不友善的目光打量我跟蓁蓁。

陈锋伸手用力地在他头上敲了一下，骂道：“你这是什么态度啊，人家是警察。”

“就知道打我。”阿光揉着头不忿地瞪着父亲，“还不快回去喂猪，把猪都饿死了，看我妈怎么收拾你！”

陈锋举起手又想打他，但他却机灵地逃到蓁蓁身后，并向蓁蓁求救：“打人啦，打人啦，我要报警抓他。”

陈锋气得双目大睁，骂道：“我才要报警抓你这臭小子，天天偷我的钱去泡网吧，昨晚又鬼混到什么时候了？”

阿光从蓁蓁身后探出头来，不屑地瞥了他一眼：“昨晚大爷我 RP 爆发，爆了两件极品装备，一点左右就回家睡觉了。”

本来父子间的打闹，外人不便多言，但听见阿光说一点左右回家，我不由多嘴一问：“你回家的时候，看见过这个男生吗？”

我取出麦青河的相片让他辨认，他看了一眼就说：“哦，这不就是小麦嘛，我昨晚看见他了。”

“你认识他？”我略感愕然。

“我早就认识他了，他跟我一个工会，老缠着我带他打 Boss（一种网络游戏），烦死了。”他傲气地仰了下头，“不过，听说他前几天好像出了什么事，都好几天没见他来网吧练级了，可昨晚又突然冒出来。”

“你什么时候看见他的，当时有特别的事发生吗？”这是我最关心的问题。

“当时是一点多吧，我刚从网吧出来，看见他从这里走出来，然后就走向 KTV。”他带我们走到店外，给我们指示当时的位置，“他走到 KTV 门口时，里面有个人走出来搂住他的肩膀，不知道在跟他说什么，之后他们就往美院那边走。”

“跟他一起的是什么人？你认识吗？”性急的蓁蓁替我问了这个关键性的问题。

“那时我刚从网吧出来，跟 KTV 的距离有些远。”他往百米开外的网吧指了指，“而且那人一直背向着我，我没看清楚他长什么样子。不过他的背影挺眼熟的，应该是经常跟小麦混在一起的那帮人其中一个吧！”

奇怪了，麦青河去买烟的时候，同行的朋友应该都醉卧在 KTV 的包厢里，那到底是谁出来找他呢？从阿光的叙述看来，麦青河是自愿跟对方离开的，之后很可能是前往凶案现场。以他的心理状况，不可能随便跟别人到僻静的地方，除非对方是他最信任的人。

虽然阿光不清楚带走麦青河的是什么人，但我可不想放弃这条关键线索，于是便问道:“你还记得那人的衣着吗？”

阿光思索片刻后说:“他好像穿着蓝色外套。”

第八章　逮捕疑凶

散落于凶案现场的蓝色布条，很可能是在凶手袭击死者的过程中，被撕碎的外套碎片。由此推断，外套应该是属于死者的，所以我便向阿光确认一个极其重要的问题:“穿蓝色外套的是麦青河还是带他离开的人？”

“小麦当时穿的是黑色外套，带走他的人才是穿蓝色的。”阿光回答得十分肯定。

阿光提供的信息使案情变得更加扑朔迷离，以行凶手法判断，杀害麦青河跟方树的凶手应该是同一人。而杀害方树的凶手已经确定是沈婷悦，麦青河光是听见她的名字都会浑身发抖，当然不会跟她到僻静的地方。

难道沈婷悦有帮凶？

就在我为此感到疑惑之际，手机突然响起，是悦桐的来电。电话接通后，我急切地问道:“有新发现吗?”

“其实也不算新发现，只是确认了一件事。”

“是什么事?”没有新发现虽然令我略感失望，但我还是急切想知道她确认了什么。

“刚才在小溪里发现钱包时，我就觉得奇怪，小溪跟凶案现场的距离可以说不远也不近，为何凶手把钱包丢在小溪里，而不是别的地方。现在我总算明白了……”悦桐卖关子般沉默片刻后，自信的声音再次从手机听筒传来，“凶手之所以把钱包丢到小溪里，是因为他曾经用溪水洗刷钱包上的指纹。”

“难道凶手把钱包丢到小溪里，是为了掩饰洗刷痕迹?”我问。

“这几乎是肯定的，可惜他矫枉过正，不但用溪水，还用野草洗刷钱包，在钱包表面留下了细微的刮痕。”

我突然感到一阵眩晕，看来我之前的判断是错的，如果凶手是已变成僵尸的沈婷悦，根本没有必要清除钱包上的指纹。凶手这么做，原因就只有一个:“凶手是死者身边的人!”

“而且钱包里有凶手必须取得的东西。”悦桐补充道。

“凶手需要的是什么?钱包里不就只有现金、信用卡，以及VIP卡、学生证之类的东西，我实在想不到有什么是值得为此冒险留下罪证的，除非凶手只不过是个求财的小毛贼。”我的思绪开始变得混乱。

悦桐事不关己地说:“这个问题还是留给你去挠破脑袋吧，我只管在证物上找线索。”

正在我苦恼之际，许梓轩于凉风中微微颤抖的画面突然在脑海中闪现，于是便问:“检查过凶案现场的蓝色布条吗?”

“这些破布条就在我面前，你想到些什么?”

“我怀疑这是凶手的衣服。”

“等等……”悦桐似乎立刻展开了工作。

片刻之后，听筒传来她惊呼:“还真的有问题，之前一直以为这是死者的衣服，所以没有多加留意。”

“发现了什么?”

“血迹是由外溅射到衣服表面，而不是由内侧渗出的。也就是说，凶案发生时，这件衣服是穿在凶手身上。”

我已经知道杀害麦青河的凶手是谁了，不过我还要确认一件事。挂掉悦桐的电话后，我立刻致电流年。

电话刚接通，听筒便传来流年不安的声音:“我正准备给你打电话。你现在来法医处走一趟，我想给你看些东西。”

“有什么发现吗?”

“过来再说。”

挂掉电话后，我跟蓁蓁立刻赶赴法医处，流年就在解剖室门口等我们，从他焦急的神色判断，他应该发现了一件很可怕的事情。

我们刚走到流年身前，他便急不可耐地说:“杀害两名死者的不是同一个凶手。”

“何以见得?”

“我刚才对两名死者身上被撕咬的伤口作了对比，发现两者伤口的形状有明显区别。方树身上的伤口，以直径及牙齿留下的痕迹判断，是成年女性造成的;而麦青河身上的伤口，显然是由成年男性留下的。”

“我想，我已经知道杀害麦青河的人是谁了。”我把所知道的信息告诉他。

“单凭一件外套的碎片，并不能确定凶手的身份。最起码你还未能确定这件外套的主人，就是你推断的那位。”

“我自有办法找到证据。”

新证据推翻了我之前的假设，杀害麦青河的凶手并非沈婷悦。虽然凶手故意布下迷局，但我已经知道他是谁。

麦青河曾经说过，他在美院的朋友并不多，能取得他信任，让他自愿跟随对方到偏僻地方的就更加凤毛麟角，除了昨晚跟他一同到 KTV 的三人外，应该就没有第四个。根据阿光提供的信息，疑凶昨晚穿着蓝色外套，而这件外套显然就是已被撕成碎片，散落在凶案现场的蓝色布条。

凶手应该是在行凶后，发现外套沾满了死者的鲜血，于是便把外套扯成碎片，伪装成死者的外套散落于凶案现场，企图蒙混过关。

若以上的假设成立，那么凶手就是在这清凉季节却只穿单薄衬衫的许梓轩！

然而，纵使诸多疑问我都能作出合理的假设，但有一点我却始终想不通，那就是许梓轩为何会拥有野兽般的力量。难道他也变成了僵尸？又或者他跟沈婷悦有某些不为人知的关系，并从对方身上得到某种力量？

不管怎样，他跟沈婷悦肯定脱不了干系。幸好这些问题都不重要，反正把他抓回局里，总有办法能让他开口。当务之急是怎么才能把他抓回去。

蓁蓁虽然是散打冠军，但凶手能徒手残暴地杀害麦青河，她不见得有绝对把握制伏对方。因此，我给老大打个电话，叫他派雪晴过来帮忙。雪晴带有配枪，有她同行会比较安全。

许梓轩昨晚一夜未眠，今天应该没有去美院上课。因此，跟雪晴会合后，我就给阿杨打了个电话，询问他许梓轩的住处。今早他的手下给许梓轩做笔录时，应该有登记住所等信息。

“要他的地址是吧，你等一下。”听筒传出短暂的翻弄文件的声音，“找到了，他住在塘仔村……”

虽然在校外租房的美院学生大多都租住在塘仔村，但当我听见这个意料之中的住址时，却有片刻的迟疑，因为我突然想起在陈氏墓园出现的鬼魅身影。如果那个身影就是沈婷悦，那她刻意把我们引到塘仔村是否想给我们暗示些什么呢？会不会跟租住在塘仔村的许梓轩有关？

或许这件事其中另有文章，但不管怎样，也得先把许梓轩抓回来。

塘仔村并不大，所以我们没有花多少时间就找到了许梓轩的住处。这是一间两层高的单栋楼房，与其说是出租屋，还不如说是简陋的别墅。虽然是有些许陈旧，但环境十分安静，而且房前还有一个小花园。

印象中，我跟蓁蓁追逐那个鬼魅身影时，好像曾从这栋房子前经过，随后被对方引进狭窄的巷子里甩掉。

此时天色已经开始暗下来，房子二楼的灯亮了，并且有节奏强劲的音乐从房子里传出，应该有人在里面。然而，我敲了老半天也没有人给我们开门，正思量着是否该破门而入时，大门却突然开启。

给我们开门的是刘婧岚，她的样子有些狼狈，只穿着短裙及小可爱。而且纤薄的小可爱上，还突出两颗若隐若现的草莓，由此可见她并没有戴胸罩。

在家中穿着随意是很正常的事情，之所以说她狼狈，是因为她潮红的脸色及略显凌乱的秀发——谁看见她这模样，也知道她刚才正在做什么。

“今天早上不是已经把事情说清楚了吗，还有什么要问呢？”大概因为好事被迫中断，坏了心情，所以她的语气极不耐烦。

“其实也没什么，只是有些细节想跟你们确认一下。”我挤出一副友善的表情，“你昨晚穿的外套是什么颜色呢？”

“绿色。”面对我这个无聊的问题，她显得更不耐烦，还抱怨起来，“你早上没看见吗？昨晚整晚没睡，好不容易才睡一会儿，你们就来敲门。”

从早上到现在都已经过了近八小时，如果只是睡觉应该足够了，她这么说只不过是想掩饰刚才正在跟爱郎翻云覆雨，免得尴尬而已。

此时房子里传来许梓轩的声音：“岚岚，是谁啊？怎么还不上来。”

“马上就来。”她回头答应了一句，不耐烦地跟我说，“我们还有事，如果没特别的事，就别再滋扰我们好不好。”她说完就想把门关上。

我伸脚把门顶住，隔着门缝对她说：“我再问一件事就走。”

“问吧，我们还有事。”

许梓轩的催促显然使她的心情变得焦急，这对我来说是好事，于是便抓紧机会问道：“许梓轩昨晚穿的外套是什么颜色？”

“蓝色。”

她说完就想把门关上，但我可不会让她这么做，稍微使劲把门推开。她往后退了一步，杏眼圆睁瞪着我叫道：“你们想干吗！别以为自己是警察就能乱来，我跟梓轩的父母都是有头有脸的人，不是你们这些小喽啰能惹得起的！”

“这句话等我把你男朋友抓回去后，你再去跟厅长说吧！”我悠然地点了根烟。

她愣了一下，随即叫道：“你这是什么意思啊！梓轩又没犯事，你们凭什么抓他？”

我吐了口烟，对她露了个笑脸：“还不是凭你刚才的一句话。”

“你少唬人了，我刚才什么也没说。”

“蓝色，你刚才说许梓轩昨晚穿的外套是蓝色，但今天早上我看见他只穿着白色衬衫，他的外套哪里去了？”

“他的外套当时放在我手袋里……”她往放在沙发上的手袋看了一眼。

我不请自进地走入客厅，并径直走到沙发前拿起手袋，向她问道：“不介意我看一下里面的东西吗？”

“外套已经拿了出来，不在手袋里。”她的神色略显焦急。

手袋里没有外套是理所当然的，而且这个巴掌大的手袋里也不见得能装下一件男性外套。不过，我在手袋里意外地发现了一样东西——大头照！

我从手袋取出一张她跟许梓轩一起拍的非主流表情大头照，接着又取出她的钱包，发现钱包里也有一张，于是便问她：“你怎么解释？”

“有什么好解释的啊，我也不知道你在说什么。”她扭过头不管理我。

此时，只穿着短裤的许梓轩从二楼走下来，烦躁地问道:“发生什么事了？”

疑凶一出现，蓁蓁跟雪晴立刻警惕地护在我左右，做好应变准备以防不测。我给她们使了个眼色，示意她们先别打草惊蛇，然后拿着钱包跟大头照向许梓轩扬了扬，佯装轻松地笑道:“没什么，只是希望你们能解释一下，为何会有两张大头照。”

“有两张又怎么样？”他似乎对我们的到来十分不满，言语中饱含敌意。这也是人之常情，正在缠绵的时候被别人打断，谁都会生气。

“今天早上，你们说过这大头照就只有两张，其中一张是放在你的钱包里，被杀害麦青河的凶手连同钱包里的其他东西一同拿走……”我顿了顿又道，“那么，现在其中一张应该落在凶手手中。”

他愣住片刻，随即强作镇定地说:“这有什么稀奇的，我们Copy一张不行吗！”

“嗯，理论上是可以复制一张。不过复制照片需要专门的设备，只有大型的冲洗店才具备这种设备，我可没听说过这附近什么时候开了一间大型冲洗店。”

“我们早上打的到城里Copy，一个来回还有时间睡上一觉呢！”他表面上虽然振振有词，但显然有些底气不足。

“的确是够时间复制，可惜这张照片并不是复制出来的。”

大头照是连拍的，虽然看上去十分相似，但只要稍加注意就能发现两者之间的细微差别。我把两张大头照放在一起，并指出两张照片中两人的表情略有差异。

“就算这张大头照就是我原来那张，那又能代表什么？反正是我自己的东西，我爱放哪就放哪，还用得着跟你们交代吗？”他仍在狡辩。

“好吧，就当你之前把钱包里的大头照拿了出来，那你给我解释一下，在凶案现场发现的蓝色外套碎片上，为何会有你的皮肤组织？”虽然悦桐还没来得及化验外套碎片，但刘婧岚刚才已经确认了许梓轩昨晚穿的是蓝色外套，我大可以以此将他一军。

果然，他被我唬到了，连说话也有些结巴了，“那，那外套是我借给小麦穿的，有我的皮屑又有什么稀奇。”

“如果你是借给死者穿，那为什么没跟警方交代这件事？”

“我忘记了。”

“哦，那你还记得，麦青河昨晚穿着一件黑色外套吗？他自己也穿着外套，为何还要借你的外套？”

他一时语塞，不知道该如何反驳。我花费这么多唇舌就是为了让他亲口承认，凶案现场的外套碎片是属于他的。现在我已有足够的理由将他拘捕，便对他微笑道：“昨晚有人看见穿着蓝色外套的你，带穿着黑色外套的麦青河到凶案现场，现在你有什么解释呢？”

他愕然地看着我，双眼尽是惊讶之色，愣住片刻之后，突然叫骂道：“你他妈的陷害我！”说罢便拿起身旁的座机向我掷过来…… 悬疑志

>>未完，待续

开学啦！悠长的暑期已经结束了，编辑部自从大换血之后，变成了清一色的帅哥编辑，难道是因为帅哥镇得住场子？一群帅哥每天对着悬疑惊悚故事大谈离奇凶杀案，不知情的人还以为走进了非正常人类研究中心。新编辑新面孔，先简单给大家介绍一下他们吧！自从微博流行以来，身为 @ 族的 80 后小编们纷纷给自己设定了标签，本期先来爆料一下各位小编的标签！

柳易

标签　优质青年 低调的愤青 自由思想者 读书 80 后

简介:《悬疑志》新任主编。畅销书策划人。策划出版畅销悬疑小说《那多灵异手记》《诡案组》《十宗罪》系列等。致力于将《悬疑志》打造为国内悬疑推理第一刊，同时致力于开发培养悬疑恐怖小说作家，开创国内悬疑出版新热潮。

戚小双

标签　闷骚男 坑爹啊 高调的愤青

简介:《悬疑志》执行主编。知名流浪派作家，足迹踏遍大半个中国。原《惊悚 e 族》杂志执行主编，个人出版作品有:《冥贼之南蛇王朝》《湘西盗墓王》《编辑恐怖手记》等。致力于提高《悬疑志》的品质。上帝说，给这小伙子打满分。

（爆料人黑线：我还有什么好说的呢……）

冷谚明

标签　文艺青年 台湾达人 其实是个很萌的小伙子

简介：台湾知名作家经纪人，“艺门作家经纪人工作室”总监，个人出版作品有《123 木头人》《不完美分手》等。神秘的特邀编辑，负责《悬疑志》台湾地区的作者投稿……

悬迷活动

如果魔法真的存在，你想拥有哪种魔法？

大家看了《哈利·波特》、《魔戒》等魔法电影，想必对那些绚丽而神秘的魔法都很憧憬吧，要是魔法真的存在，你想拥有什么魔法呢？说明你的魔法性能和理由！欢迎大家踊跃参加哦，大家的回复将节选刊登在杂志上！

小氓 s：我想有一种让所有人见了我都喜欢的魔法，这实在是太无往不利了，面试哪哪就要，我喜欢哪个人，哪个人就喜欢我。我的天！太受不了自己了！

勋：要是魔法真的存在，我想拥有读心术。读心术，这是我看来最可怕的魔法，人的本性暴露，可以轻易看明白别人在想什么，这种感觉好爽！

黑桃小隐：必须要瞬间移动啊，这才是最王道的魔法！

鬼瞳：我也想拥有读心术，看清人的内心，以辨是非，现在太乱了，可怕的世界！

缠涩：瞬移吧……个人认为会读心术的话，世界会很无味，猜测人心很有意思哦！

空格：隐身术，嘎嘎……

听，雨在哭泣：催眠吧……其实也很喜欢读心，但是把人一催眠问他啥他答啥不是挺好吗？会了催眠就不怕考试了，直接把老师催眠了问答案。呵呵……

颁布的糖：自从小时候看过《家有仙妻》，对于何莉莉的魔法手镯就一直念念不忘。最想拥有的魔法当然是“心想事成”，惩治恶人，协助有困难的人完成心愿，对于没有公德心，随时想着算计人、迫害人的生物群众，统统送到火星，一辈子都别想回来。

迷雾：我希望拥有飞天扫把！低碳环保又节能。

Whitney：改变人心的魔法，让心怀叵测的人都变成好人，天下太平！

yaoge1202：奇门遁甲是最高深的魔法！与其幻想那些不着边际的！还不如探索这些着边际的……我要学奇门遁甲，磕头拜师！

血夜花魅：我想要的魔法是预言术，可以看见未来的那种。这样我就可以看见我老婆是长啥样的了……幸福啊，陶醉……

不存在的存在

“你是谁？”

“比尔·强森。”

“我们认识吗？”

“我知道你叫本·琼斯以及1972。”

“什么？”

“1972。”

“算了，他们又是谁？那些黑黑的影子。”

“1972。”

“该死，又是1972。快告诉我这是哪里？这是地狱吗？为什么这么黑？”

“当然不是，不过本质上差不多。”

“本质上？”

“是的。即使这里有地狱，你也不属于这里的地狱。实际上，你不属于这个世界。”

“嘿，我不属于这个世界，那我又属于哪里？”

“你属于一个世纪之后的世界，你是一个损人不利己的未来傻瓜。你为了永久体验所谓的古代之旅，满足你的愚蠢心理，在时光旅行中贿赂了导游，说服他让你永远留在这里，回去后他对外宣称你在观光大峡谷时失足身亡。为了保险起见，他删除了你的记忆，你只能重新开始。可是，一切已经晚了，瞧瞧你干了些什么？！”

“哈，你编的故事太有想象力了。这么说来，根据我以往看科幻片的经历，你就

是一个负责维护时间秩序的时光警察了？”

“不，我才不是什么时光警察。你还记得 1972 年吗？”

“1972 年？除了尼克松跑到唐人街的故乡之外，我不记得出了什么大事。”

“还是我来说吧，1972 年某一天的早上，你农场的一个工人，开着他的敞篷货车，在公路上瞎晃悠的时候，轧死了一个 11 岁的小男孩。那个工人名叫比尔，你们常叫他酒桶比尔。”

“天哪，确实有这么一回事，我记得我还提前给他发放了一次工资。我听人说，那个男孩就住在我的农场附近，父亲是个伐木工。“

“我就是那个男孩。”

“啊，不，轧死你的又不是我，我是个本分人。”

“本分人！如果没有你这个践踏历史的家伙，又怎么会有你的农场，会有你的工人，会有酒桶比尔开着货车把我轧死！如果历史按照正常的路线持续，我会考上州立大学，我会竞选成为州议会议员，成为国会议员，我会当选为总统，一个举足轻重的人物！可是，因为你的一时任性，我的一切都毁了，历史不得不重写。看看你周围的这些黑影吧，他们和我一样，都是你直接或间接的受害者，他们当中有些人因为我的政策，就不会在穷困潦倒中死去。都是因为你，你这历史的开膛手！”

“鬼魂们，求求你们放过我吧，我并不知情。”

“我们并不是什么鬼魂，我们只是作为这个世界原本应该存在的‘不存在者’。我们的肉体已经因为你搅动的时间旋涡毁了，但我们仍然在这里徘徊着，因为我们本来就是这里的主人。虽然在另一个平行的世界里，我们会按照历史的脚步，按部就班地走着我们的历程。但在这里，因为你的存在，导致我们的不存在，我们既属于这个世界，又一直被排除在外，漫无目的地游荡着。我们必须带走你，以免还有更多的人因你受害。”

“啊，不！”

存在未必是合理的，不存在的未必是虚妄的。

（文 / 夜语）

死亡预报

算命的说，他命硬，养什么，什么死。

他不信，买来生命力顽强的仙人球，两天后，死了；买了乌龟，一周后，也死了。

他弄了块大石头摆在客厅，心想这下总死不了了吧，没想到过了几天大石头碎了，裂成好几块不规则的小石头。

他瞠目结舌，从此不养任何宠物和植物。

直到谈恋爱，他还有些战战兢兢，不知道等待他和她的，是什么样的宿命。

和她出去，他总是抢先付账，还给她买了不少价值不菲的礼物，生怕“养”死了她。

没过多久，他死了。

他没料到，这次死的会是他。

临死前，他听到女友对他说，我爸说得真对，不骗骗你，还真看不出你有这么多家当，可惜你对海鲜过敏，这么轻易就挂了。

原来，算命的是她爸。

（文 / 小魔的咒咒）

一枚软糖的黑色幽默

一

“有人在家吗？”

“嗯，请问您找谁？”

“我找你。”

“不好意思，我貌似不认识你呢。”

“可是我认得你的车轮，两小时前它轧在我的身上，来来回回那么多次，我怎么会认错呢？”

二

“喂，不要去医院的地下室。”

“哦……但是，为什么呢？”

“那里是医院的停尸房，我怕你会害怕。”

“不就是停尸房嘛，就是死人比较多而已呀。没什么嘛！”

“即使不害怕，也请你不要去。”

“我偏偏想去了，怎么办？”

“好吧，那请你在看到我的尸体时不要尖叫，好吗？这样会吵醒其他人的。”

三

“小姐你的裙子真好看啊。”

“是吗？谢谢。”

“在哪里买的呀，我也想买一条呢。”

“这里没有卖的，这原本是白裙子。”

“那你用的是什么染料？这颜色真鲜艳呀！”

“我也不知道，上次割腕自杀后，裙子就变成这个颜色了。”

五

“老板。上次买的洗衣机我再买一台。”

“哎哟，小姐。你不是上个星期才买去的吗？怎么，坏了吗？”

“我也不知道呀，貌似已经不能用了。”

“我的洗衣机质量很好的，您用法正确吗？”

“应该没错啊，把人和刀片按 1 : 50 的比例放进去，再打开开关……”

（文 / 一枚软糖）

编读往来

NO.1

提问：你好！我想问问，什么样的稿才算好稿，我投了很多次都没有中。（读者　东方素研）

柳易：《悬疑志》的广告语：最好看，最惊悚，最悬疑，最离奇的故事短篇集。我认为好稿件的标准一定要好看，惊悚，悬疑，离奇，缺一不可！为了给读者提供最好看的悬疑佳作，编辑部挑选稿件十分严格。MM不要失望，请继续努力！

戚小双：什么样的稿才算好稿？嗯……题材比较有意思的，现在写手那么多，你能想到的，别人早就写烂了，所以你得在一些很平常的题材里，加入一些不同以往的东西，大家一致都觉得接下来是这样子，你偏偏是那样子，这就是出新了，这是其一。其二是好的悬疑惊悚故事应该是解开了一个谜团，然后陷入另外一个谜团，然后又解开了另外那个谜团，再次进入更大的谜团，情节需要一直都在推进，谜团切忌不要什么都留到最后才解释，不然读者看了，会觉得有上当的嫌疑。

NO.2

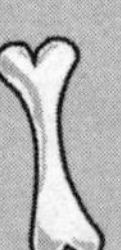

提问：为什么我注册了《悬疑志》的论坛（www.xuanyizhi.net）却无法看帖发帖，说是什么等待验证会员，我很着急。（12岁的赵宇萱）

论坛管理员：小朋友，为了防止广告贴，从根本上杜绝广告软件，《悬疑志》论坛的新注册会员需要等待管理员的后台验证，你第二天再登录论坛时就可以发帖爆照片啦！《悬疑志》论坛每月都会举办一些活动，准备一些小礼品回馈热心读者，大家要积极参与活动哦！

招悬迷应援队成员啦！

《悬疑志》从 2007 年 6 月创刊至今已四年有余，凭借着豪华作者阵容和高品质的内容质量，已然是悬疑惊悚杂志中的标杆，为了加扩悬迷的队伍，约更优秀的作品以飨读者，现诚招悬迷应援队成员数十名，在编辑部和队长颁布的糖、雪羽冰蓝的带领下，有计划地进行网络宣传和推广。

具体工作：在各大网站、贴吧、论坛、博客等相关地方宣传和张贴《悬疑志》杂志相关资料，参与编辑部的编辑工作。

具体待遇：作品优先刊登，不定时奖励最新悬疑类图书，优秀的应援队成员将挂实习生的名分（这对你以后找工作或者从事文字工作是有用的哦）。

欢迎申请！

联系 QQ：562922056（加入时注明“申请应援队成员”）

《奇事来袭》重启啦！

《奇事来袭》重新开张大吉，无论是在现实生活中遇到或者听到什么奇异、离奇、怪异的事儿，随时欢迎各位悬迷电邮或者发帖过来告诉我们，凡是入选者即赠送当期《悬疑志》一本。

投稿邮箱：xuanyi@booky.com.cn

投稿论坛：http://www.xuanyizhi.net

投稿微博：http://weibo.com/xuanyizhi